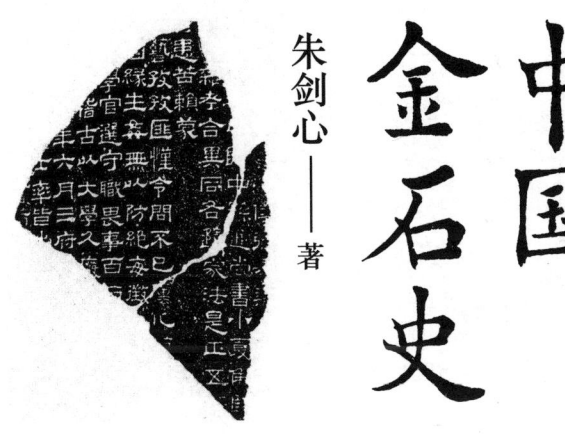

朱剑心——著

中国金石史

中国画报出版社·北京

初版序

昔王兰泉氏自序其《金石萃编》曰："为金石之学者，非独字画之工，使人临摹把玩而不厌也。迹其囊括包举，靡所不备，凡经史小学，暨于山经地志、丛书别集，皆当参稽会萃，核其异同，而寀其详略，是非輇才末学能与于此。"诚哉斯言！尝考金石之制，始于三代，秦、汉以下，迄于宋、元，其器物之传于今者，殆难数计；而千百年来，风雨剥蚀，兵火销亡，为吾人所不得见者，又不知其几何！金石之学，所以著录考订及身所见之器物文字，而使之永存于天地间，俾后之学者得所鉴焉。其学滥觞于汉，历魏、晋、六朝、隋、唐而稍稍演进。惟其见于当时之著录者，大抵一鳞片甲，犹未足以言学也。至宋刘原父、欧阳公起，搜集考证，著为专书，而学以立。更经吕大临、王黼、薛尚功、赵明诚、洪适、王象之诸家，而学乃臻于极盛。元、明承极盛之余，难乎为继；而金石器物之少所发现，亦斯学不振之大原因也。清初百余年间，海内清平，而文网綦严，于是承学之士，相率而遁于朴学之途，金石则其一也。且其时金石器物之出于丘陇窟穴者，更十数倍于往昔，宜其流派之宏，著述之富，更远过于宋人矣。夫自北宋以来，金石名家，至千数百人；著者之多，且二千种。就其存于今者论之，尚数万卷，略言其例，凡十有七：曰存目，曰跋尾，始于欧阳修之《集古录》；曰录文，始于洪适之《隶释》；曰图像，始于吕大临之《考古图》；曰摹字，始于薛尚功之《钟鼎款识》；曰纂字，始于刘球之《隶韵》；曰分地，始于王象之《舆地碑目》；曰分人，始于无名氏之《宝刻类编》，而刘原父之《先秦古器记》，其自序中具言攷究之法，尤为诸家之先导；是皆作始于宋人也。曰音释——宋人摹录金文，皆附释文，而专书则始于元吾丘衍之《周秦刻石释音》。曰义例，创于元潘昂霄之《金石例》。明人著述虽多，而作始者鲜，仅曹昭之《格古要论》，略言鉴别，而宋张世南之《游宦纪闻》，赵希鹄之《洞天清录》，实已发之。清于前代成例之外，又有断代著录者，如翁方纲之《两汉金石记》；有分类专攻者，如钱币、玺印、兵符、镜鉴等类，皆附庸蔚为大国，别出一类以著录之；有专考一种者，如所谓"铭心绝品，人间至宝"，自石鼓秦碑而下，不胜举焉；有集录众说，兼诸派之长者，如王昶之《金石萃编》；有考订源流，辨别体制，评述书迹，近于所谓概论大纲之性质者，如叶昌炽之《语石》；有举历代从事斯学者之著作大凡，及其有功于斯学之言行，而为学术史料之纂集者，如李遇孙之《金石学录》；又有专辑金石著作之目录者，如叶铭之《金石书目》。以上所举，虽体例各殊，精博攸异，要皆有王兰泉氏所云"囊括包举""参稽会萃"之长；金石之学，几乎蔑以进于此矣。至于近世以来，若王国维、罗振玉、董作宾、郭沫若诸先生，其所著书，辨订名物，考证世谊，训释文字，补正经史，其识伟，其学至，似又非前贤可得而及，则时代使然也。

此金石学过去之大概也。建新少承庭训,笃好斯学,壮游四方,见闻略广,自三代彝器,秦碑汉碣,以至六朝造像,唐、宋碑版,墨本流传,率多寓目。又自北宋以降,迄于现代,诸家著录,亦略有所窥。以为前代器物与夫昔贤著述之存于今者,既若是其丰,我人生当斯世,宜如何董理而研治之,方不负此巨量之宝藏!而最近数十年来,若殷虚之甲骨,燕齐之陶器,西域之简牍,齐鲁之封泥,河洛之明器,皆先后出土,金石学者,咸注其精力于新出诸器物之考索,于旧学之整理研治,反未暇也。有之,惟叶昌炽氏之于石刻,王国维氏之于吉金,寥寥天壤,之二氏者,要为斯学之殿矣。建新窃不自揆,辄思就二十年来所尝努力攻究而略具心得者,草成一书,粗示梗概;并取过去千百年间之金石器物,名家著述,作一总结,庶使金石之器物著述,若网在纲,如指诸掌,既以自省,亦便初学。而风尘荏苒,卒卒未遑。去秋江南沦陷,故里丘墟,兵燹之余,百物荡尽。尤可悲者,自先母见背,尽室流亡,逮及桐庐,而先君又逝!建新旅食申江,竟不一面,痛父骨之未归，嗟手泽之莫存，肝肠断绝，抱恨终天。读礼之余，每念先人所藏金石图书，凡二万卷，三百年来奕世传守，未尝失坠。先君在时，常出所藏以诏建新，或言制度，或订源流，或释文字，或辨真赝，或别拓本之先后，或评书迹之优劣，风丽晨昏，一卷摩挲，恒忘寝食，趋庭之乐，盖有过于师友之督责者；而今已矣，痛可言耶！于是发愤欲成兹一编，以志我先人传守之不易，而冀以告慰先灵于万一也。呜呼！河山破碎，遍地烽烟，举国庋藏，尽归浩劫，一家传守，庸何足道！则居今日而言金石，岂止如《绍兴古器》之评，仅及金人之劫遗；《舆地碑目》之记，不出南渡之疆域而已哉！虽然，吾书固非有时地之限也。试举其例，可得而言：

一、攻究斯学，首宜知其名义，明其价值，而瞭然其肇始、演进、发达之过程。故本书先述金石学之名义、价值、历史三者为第一编，名曰"通论"，凡分五章。

一、吉金诸器，盛于三代；秦、汉以后，除钱币、玺印、兵符、镜鉴等小品而外，便无足甚重。故二编"说金"，详于殷、周，而略于后世。自原始、宝重、品类、数量、铭刻、义例之总说；以至礼器、兵器、度量衡器、杂器及钱币、玺印、兵符、镜鉴等类，咸略考其名义制度，以著于篇。最后更述历代之毁坏与伪造，以示保存鉴别之不易，而为吾人所当究心也。凡分五章，采王国维氏之说为多。

一、三代以上，有金而无石；秦、汉以下，石盛而金衰，其有纪功述事，垂示来兹者，咸在于石。论其名义，有刻石、碑碣、墓志、塔铭、浮图、经幢、造像、石阙、摩崖、地莂之异，而制度亦各殊焉。至其所刻文字，自儒释经典，以至诗文杂著，几于无体不备，而画像尤为特色。又由其源流，得考书法之变；因其厄运，可知护惜之难。述"说石"为第三编，凡分四章，采叶昌炽氏之说为多。

一、金石以外，若陶器，若玉器，若简牍，若甲骨，远自北宋，近或清季，咸有专著，盖亦斯学之附庸，而且蔚为大国矣。本书初拟编述，以示无外。继思陶玉多无文字，应属于工艺美术之考古；简牍传世无多，价值未显；

甲骨之学，方兴未艾，难为定论。以上四者，仅于第一编中略引其绪；条分缕析，暂付阙如。

一、攻究之法，自北宋以降，日益精进，迄于今，凡访求、发掘、整理、鉴定、考释、著录之方，赖昔贤之启牖，有成例之可援，竭其愚昧，愿贡其详。会当属草，而有海南之行，尘务婴心，笔墨都废，功亏一篑，良用自悼，爰志于此，以俟异日。

一、学术文章，天下公器；然掠美剿说，古今所鄙。本书引用旧说，或直录其文，或稍加删节，咸标所出，示不掠美。亦有避免枝蔓，偶不明注，特书于此，示非剿说。盖本书意在述旧，非创作也。然提要钩玄，博而反约，差似有一得之长。参证之书，达数百种，具见篇中，无俟再赘。

例之可举，略尽于此。夫本书之述，原以追念先人，聊寄哀思，作始于先君亡后之六十日，而脱稿于南行之前一月余。中间属草经过，半在佣书归来、更深人定之际，一灯黯淡，每致目倦神昏，彷徨无据，而恍惚若侍亲侧，则又掷笔汍澜，颓然而卧，作辍靡常，仅成三卷。迩来藏庋敝箧，又逾两月；去先君之亡，且一周矣！忧患余生，何心文字，序而问世，岂得已哉！尚望海内贤达，矜而教之！

一九三八年十二月一日，海宁朱建新。

目 录

第一编 通论

◎第一章　金石学之名义　　　　　　　\ 003

◎第二章　金石学之价值　　　　　　　\ 009

◎第三章　金石学之肇始及演进　　　　\ 021

　第一节　肇始——汉　　　　　　　　\ 022

　第二节　演进——魏至唐　　　　　　\ 025

◎第四章　金石学之极盛及中衰　　＼031
第一节　极盛——宋　　＼032
第二节　中衰——元明　　＼045

◎第五章　金石学之复兴创获及整理　＼053
第一节　复兴——清初至现代　　＼055
第二节　创获——清末至现代　　＼080
第三节　整理——清中叶至现代　　＼088

第二编　说金

◎第一章　总说　　＼097
第一节　制作之原始及历代之宝重　＼098
第二节　古器之品类及著录之数量　＼106
第三节　铭刻之变迁及记时之义例　＼114

◎第二章　殷周诸器　　＼131

第一节	绪言	\ 132
第二节	礼器（常用器附）	\ 136
第三节	兵器	\ 166

◎第三章　秦汉以后诸器　　　　　　　　\ 177
第一节	绪言	\ 178
第二节	度量衡器	\ 180
第三节	杂器	\ 185

◎第四章　钱币、玺印、兵符、镜鉴　　　\ 195
第一节	钱币（钱范附）	\ 196
第二节	玺印（封泥附）	\ 207
第三节	兵符	\ 216
第四节	镜鉴	\ 219

◎第五章　古器之厄　　　　　　　　　　\ 229
| 第一节 | 毁坏 | \ 230 |
| 第二节 | 伪造 | \ 233 |

第三编 说石

- 第一章 名义制度 \ 239
- 第二章 文字图像 \ 259
- 第三章 碑版源流 \ 285
- 第四章 石刻之厄 \ 363

第一编 通论

第一章 金石学之名义

金石、甲骨、竹木三者之比较——金石之始制——金石二字连用之始——吉金、乐石之义——何谓金？何谓石？何谓金石学？

王静安先生（国维）曰："书契之用，自刻画始。金石也，甲骨也，竹木也，三者不知孰为后先，而以竹木之用为最广。"（见《简牍检署考》）然竹木之用，至南北朝之终而全废；甲骨之用，仅限于殷商一朝。且竹木岁久腐朽，甲骨只用于贞卜。惟金石之用，自上古以迄现代，无时而或间，其用特著，其寿特永，且被学者所注意为最早，故遗存于今日之器物为独多。而"金石"二字，所以为吾人所熟知也。

考金石之始制：王嘉《拾遗记》曰："黄帝以神金铸器，皆有铭题。凡所造建，皆记其年时。"此铭金之始也。《事祖广记》引《管子》曰："无怀氏封泰山，刻石纪功。"此刻石之始也。是虽未足据以为信；然《墨子·尚贤》《兼爱》《天志》《非命》《明鬼》《贵义》《鲁问》诸篇，皆有"古者圣王……书于竹帛，镂于金石，琢于盘盂，传遗后世子孙"之语。又秦《琅琊台刻石》曰："古之帝者，地不过千里，诸侯各守其封域，或朝或否，相侵暴乱，残伐不止，犹刻金石以自为纪。"是皆言古之帝王，其说有相合者。至宋郑樵《通志·金石略》序云："三代而上，惟勒鼎彝；秦人始大其制而用石鼓，始皇欲详其文而用丰碑；自秦迄今，惟用石刻。"则据当时所见而言耳。

至于"金石"二字之连词其见于载籍者，厥惟上述《墨子》之"镂于金石"一语为最古。（《周礼·秋官·职金》："凡国有大故而用金石，则掌其令。"其义不同，故不具引。）其见于金石刻者，则如上述秦《琅琊台刻石》："古之帝者……犹刻金石以自为纪。"又："今皇帝并一海内……群臣相与诵皇帝功德，刻于金石，以为表经。"及《峄山刻石》："皇帝曰：金石刻，尽始皇帝所为也。今袭号而金石刻辞不称始皇帝，其于久远也，如后嗣为之者不称成功盛德。丞相臣斯、臣去疾、御史大夫臣德昧死言，臣请具刻诏书金石刻，因明白矣。"两刻凡五言金石。汉碑之中，并称尤多，略而举之，如《孝女曹娥碑》曰"铭勒金石"，《玄儒先生娄寿碑》曰"绵绵日月，与金石存"，《封丘令王君碑》曰"宜在金石，垂示无穷"，《山阳太守祝君碑》曰"乃相与刊勒金石"，《卫尉卿衡府君碑》曰"勒铭金石"，《沛相杨君碑》曰"载名金石"，《冀州从事张君碑》曰"镂金石兮复不亡",《北海淳于长夏君碑》曰"勒铭金石",《北军中候郭君碑》曰"勒金石,示后昆"……是也。然其成为学术上之名词,则自宋曾巩《金石录》始。(其书不传。)稍后赵明诚亦有《金石录》,郑樵有《金石略》,元潘昂霄有《金石例》,明郭宗昌有《金石史》,于奕正有《天下金石志》,来濬有《金石备考》,孙梴有《金石评考》,朱云有《金石韵府》,杨慎有《金石古文》,陈昉有《吴中金石新编》。清代斯学大盛,其著作以金石名者,尤不胜举焉。盖自北宋以来即成为学术上之名词,而有别于普通之意义矣。

又今人称金曰"吉金",石曰"乐石",盖亦有所本。周代彝器之铭,多曰"吉金";吉,坚结之意也。如王孙遗者钟曰"择其吉金",郑公华钟曰"择厥吉金",仆儿编钟曰"得吉金镈铝",陈侯因㰰敦曰"诸侯寅荐吉金"……是也。秦《峄山刻石》曰:"刻此乐石。"乐,言其质之美也。故汉碑亦称"嘉石",六朝墓志或曰"贞石",其义一也。

然则"金"者何?以钟鼎彝器为大宗,旁及兵器、度量衡器、符玺、钱币、镜鉴等物,凡古铜器之有铭识或无铭识者皆属之。"石"者何?以碑碣、墓志为大宗,旁及摩崖、造像、经幢、柱础、石阙等物,凡古石刻之有文字图像者,皆属之。"金石学"者何?研究中国历代金石之名义、形式、制度、沿革,及其所刻文字图像之体例、作风;上自经史考订、文章义例,下至艺术鉴赏之学也。其制作之源,与文字同古;自三代秦汉以来,无不重之;而成为一种专门独立之学问,则自宋刘敞、欧阳修、吕大临、王黼、薛尚功、赵明诚、洪适、王象之诸家始。历元明至清,而斯学大盛。其间金石名家,无虑千数,著作称是。近世地层发掘,愈见进步,古物出土之种类亦愈多;殷虚之甲骨,燕齐之陶器,齐鲁之封泥,西域之简牍,河洛之明器,皆有专载;虽不尽属金石之范围,而皆得以金石之名赅之也。

第二章 金石学之价值

考订(证经、订史、补佚、考字)——文章(渊源、体制、工拙)——艺术(书、画、雕刻)

金石文字，自成专门独立之学，可不待言。而其裨于他学者，亦有三焉。一曰考订，统经史小学而言；一曰文章，重其原始体制；一曰艺术，兼赅书、画、雕刻。而骨董家之鉴赏把玩不与焉。兹分别述之于下：

一曰考订 金石之运用于考订，始于两汉，发达于宋，极盛于清。其学广，其业专。王昶所谓："凡经史、小学，暨于山经、地志、丛书、别集，皆当参稽会萃，核其异同，而采其详略；是非辁才末学能与于此。"（《金石萃编》序）综其功用，可以证经典之同异，正诸史之谬误，补载籍之缺佚，考文字之变迁。宝藏无尽，取之不竭，在学者之善用之耳。赵明诚《金石录序》曰：

诗书以后，君臣行事之迹，悉载于史，虽是非褒贬，出于秉笔者私意，或失其实；然至于善恶大迹，有不可诬，而又传说既久，理当依据。若夫岁月、地理、官爵、世次，以金石刻考之，其牴牾十常三四。盖史牒出于后人之手，不能无失；而刻辞当时所立，可信不疑。

此言金石为当时所立，可信不疑，足以订正史传；而尤莫备于叶昌炽《语石》之论。其"碑版有资考订"一则云：

> 撰书题额结衔，可以考官爵。碑阴姓氏，亦往往书官于上。斗筲之禄，史或不言，则更可以之补阙。郡邑省并，陵谷迁改，参互考求，瞭于目验。关中碑志，凡书生卒，必云终于某县某坊某里之私第，或云葬于某县某村某里之原，以证《雍录》《长安志》，无不吻合。推之他处，其有资于邑乘者多矣。

> 至于订史，唐碑之族望及子孙名位，可补《宗室宰相世系表》。建碑之年月，可补《朔闰表》。生卒之年月，可补《疑年录》。北朝造像寺记，可补《魏书·释老志》《天玺纪功》《天发神谶》之类，可补《符瑞志》。投龙、斋醮、五岳登封，可补《郊祀志》。汉之孔庙诸碑，魏之《受禅》《尊号》，宋之道君《五礼》，可补《礼志》。唐之《令长新诫》，宋之《慎刑箴》《戒石铭》，可补《刑法志》。古人诗集，凡有登览纪游之作，注家皆可以题名考之。郡邑流寓，亦可据为实录。举一反三，饷遗靡尽。

然以上所述，犹仅就普通碑版而言耳。又有所谓特种之石刻，或具外族之遗文，或关边裔之交涉，虽传世无多，而价值尤重。梁任公先生（启超）《中国历史研究法说史料》云：

中国石刻……其中确有价值者：例如唐建中二年（西七八一）之《大秦景教流行中国碑》，为基督教初入中国唯一之掌故；且下段附有叙里亚[1]文，尤为全世界所罕见。（景教碑今在长安碑林。其原文，自《金石萃编》以下，诸家书多全录。前人或疑为波斯教、伊斯兰教等，今则景教确为基督教，已成学界定论。今人钱恂《归潜记》有跋一篇，考证最精确。）如元至正八年刻于居庸关之佛经，书以蒙古、畏兀、女真、梵、汉五体。祥符大相国寺中，有元至元三年圣旨碑，书以蒙古、畏兀、汉字三体。元至正八年之《莫高窟造像记》，其首行有书六体。异族文字，得借此以永其传。如唐长庆间（八二一至八二四）之《唐蕃会盟碑》，将盟约原文刻两国文字，可以见当时条约格式及其他史实。（《唐蕃会盟碑》，今人罗振玉《西陲石刻录》有其全文。碑阳刻汉文，碑阴刻唐古忒文，两文合璧，皆盟约正文也。两侧则刻两国莅盟人之官衔姓名。此刻石文中之最特别者。）如开封挑筋教人所立寺，有明正德六年（一五一一）佚碑，可证犹太人及犹太教入中国之久。（开封之挑筋教寺，

---

1 即叙利亚。——编者注

据钱恂《归潜记》引清同治五年英人某报告,称寺中有两碑,言寺创设于宋隆兴二年(一一六四),改筑于明成化四年(一四六九)。今碑已佚矣。清洪钧《元史译文证补》卷二十九记此事,犹云:"地有犹太碑,碑文附后。"然今洪书无碑,殆刊时失之。此孤微之史料,恐从此湮灭矣。)诸如此类,良可珍贵。

大抵碑版之在四裔者,其有助于考史最宏:如东部之《丸都纪功刻石》(魏正始间)、《新罗真兴王定界碑》(陈光大二年)、《平百济碑》(唐显庆三年)、《刘仁愿纪功碑》(唐麟德龙翔间)等;西部之《裴岑纪功刻石》(汉永和二年)、《沙南侯获刻石》(汉永和五年)、《刘平国作关城颂》(无年月)、《姜行本纪功颂》(唐贞观十四年)、《索勋纪德碑》(唐景德元年)等;北部之《苾伽可汗碑》(唐开元二十三年)、《阙特勤碑》(唐开元二十年)、《九姓回鹘可汗碑》(无年月,亦唐刻)等;南部之《爨宝子碑》(晋大亨四年)、《爨龙颜碑》(刘宋大明二年)、《平蛮颂》(唐大历十二年)、《大理石城碑》(宋开宝五年)等;皆迹存片石,价重连城。(各碑录文,多见清王昶《金石萃编》、陆耀遹《金石续编》。惟《丸都纪功》乃新出土者;《苾伽可汗》《九姓回鹘》,乃俄人以影本送致总理衙门者;诸家皆未著录。)何则?边裔之事,关于我族与他族之交涉者甚巨,然旧史语焉不详,非借助石刻,则此种史料遂湮也。

以上言外族遗文及边裔石刻之价值。此外又有常人所认为无足重轻之文，与夫文中无足重轻之字句，而其价值反出普通碑志之上者。梁氏续云：

研究普通碑版，与其从长篇墓铭中考证事迹，毋宁注意于常人所认为无足重轻之文，与夫文中无足重轻之字句。例如观西汉之《赵王上寿》《鲁王泮池》两刻石之年号，而知当时诸侯王在所封国内各自纪年。（此两石实汉石之最古者，录文见《金石萃编》。）观汉碑阴所纪捐钱数，而略推当时之工价物价。（汉碑纪此者，有《礼器》《仓颉庙》《成阳灵台》《鲁峻》《尧庙》《曹全》《张迁》等碑。）此所谓无足重轻之字句也。例如观各种买地莂，可察社会之迷信、滑稽的心理。（详见叶昌炽《语石》卷五）观元代诸圣旨碑，可见当时奇异之文体及公文格式。（元圣旨碑，现存者如泰安岳庙、襄阳五龙庙，尚十余通。《语石》卷三，曾全录其一，文词之鄙俚怪诞，殊可发噱。《岳庙碑》有云："和尚，也里可温，先生，达识蛮每，不拘拣甚么差发，休当者。"文见清顾炎武《山东考古录》。其所云"也里可温"，即天主教徒；"先生"即道士；"达识蛮"即伊斯兰教徒；"每"者，们也。意言释道耶伊教徒人等，皆蠲免赋役也。此亦可考当时信教自由之制。）此所谓无足重轻之文也。

上述石刻之有裨于考史，其价值如此；而金文之功尤巨。盖欲考宗周史料，真本《竹书纪年》已亡，今本《竹书纪年》甚谬。皇甫谧《帝王世纪》、谯周《古史考》等，亦久失传。虽由古书所引，间能辑佚，亦系残篇断简，究非全豹。今略可征信者，仅今文《尚书》《诗大小雅》《史记·周本纪》及《逸周书》而已。然今文《尚书》之《洪范》，亦系周末伪托；《诗》之二《雅》，既无年代可征，且其词亦约略；《周本纪》记事极略；《逸周书》什七可疑。余如孔壁所发，魏墓所出，虽皆古文原本，未经今隶迻译，竹帛传抄；然或孔门所传，亦或晚周追记，上距宗周，历有年所；以比彝器铭文，价值恐非所及。东周以后，著述虽多；然列国礼器，有裨史事者亦甚夥。故研究两周故实，首推吉金文字。龚自珍《商周彝器文录叙》曰："凡古文，可以补今许慎书之阙；其韵，可以补《雅》《颂》之隟；其事，可以补《春秋》之隟；其礼，可以补《逸礼》；其官位氏族，可以补七十子大义之隟。"可谓知言。又梁氏前篇续云：

金文证史之功，过于石刻。盖以年代愈远，史料逾湮，片鳞残甲，罔不可宝也。例如周宣王伐猃狁之役，实我民族上古时代对外一大事，其迹仅见《诗经》，而简略不可理；及小盂鼎、虢季子白盘、不契敦、梁伯戈诸器出世，经学者悉心考释，然后兹役之年月、战线、战略、兵数,皆历历可推。(王国维有《鬼方、昆夷、猃狁考》及《不嬰敦盖铭考释》两篇,考证兹役,甚多新解。)又如西周时民间债权交易准折之状况,及民事案件之裁判,古书中有一无可考;自智鼎出,推释之即略见其概。(清刘心源《奇觚室吉金文述》释《智鼎文》最精。)余如克鼎、大盂鼎、毛公鼎等,字数抵一篇《尚书》,典章制度之藉以传者盖多矣。又如秦《诅楚文》,于当时宗教信仰情状、两国交恶始末,皆有关系;虽原器已佚,而摹本犹为瑰宝也。(《诅楚文》摹本见《绛帖》《古文苑》,有释文。)若衡以吾所谓抽象的史料者,则吾曾将金文中之古国名,试一搜集,竟得九十余国,其国在春秋时已亡者,盖什而八九矣。若将此法应用于各方面,其所得必当不乏也。至如文字变迁之迹,赖此大明,则众所共知,无劳喋述矣。

此言钟鼎彝器之可以补证经史也。他如兵器、度量衡器、符玺、钱币、镜鉴,以及一切杂器,苟比而观之,得其沿革变迁之迹,皆无不有系于古代之文化,而为考史之一助。金石以外,又如殷虚出土之甲骨文字,研究考定,历年三十,其贡献于我国古文字学、古史学,以及其他考据旁证之新材料者,尤精且巨,暂不赘焉。

二曰文章 金石之文,初不为选家所采。其有存录全文，亦无与文章之事。良以三代鼎彝，文字奇古；秦汉碑版，残泐居多；所由委置而弗道也。不知金石文字之所以重，其道又别有在。龚自珍《商周彝器文录序》曰：

三代以上，无文章之士，而有群史之官。群史之官之职，以文字刻之宗彝，大氐为有土之孝孙，使祝嘏告孝慈之言，文章亦莫大乎是。是又宜为文章家祖。

又黄公渚《周秦金石文选·绪言》曰：

古文之精严雅絜者，莫如金石文字。而周秦金石诸作，上接《典谟》《雅》《颂》之绪，下导两汉碑刻之先，尤为崇闳隽伟之巨制。……大氐金石文字，皆有法度，其文大半出太史手笔，故立言皆有史法。文之有史法者，乃可以传千秋，《史》《汉》之所以号称卓绝者，有史法故也。况周秦金石诸作，尤在其上乎？后之学为文者，不当于此中求之乎？……金石文字，既为太史氏所作，然则读金石文字者，不啻为太史氏亲炙弟子，不犹愈于读《史》《汉》乎？

又《两汉金石文选·绪言》曰：

文之有法度者，《史》《汉》尚已。其书志、帝纪、列传，非司马、班、范诸儒所凭空杜撰者也。泰半取材于金石，可断言也。《史》《汉》列传诸人物，其生平皆有鼎彝，没后皆有碑碣。第历世久远，毁于天灾人祸者泰半。今存者如泰山诸石刻,并见于《秦本纪》。新莽量铭,即为《班书·律历志》所本。他如杨震、冯绲、陈纪、刘宽、曹娥诸碑,皆《范书》所本。其他可以补《史》《汉》之缺佚,校正《史》《汉》之谬误者,尤不一而足。故以文论,金石之文,实为《史》《汉》之祖;司马、班范之作,并皆取法于金石者也。

此渊源之说也。汤植翁序潘昂霄《金石例》曰:

文章先体制而后论其工拙。体制不明,虽操觚弄翰,于当时犹不可,况其勒于金石者乎!陆士衡《文赋》论作文体制,大略可见。由先秦以来迄于近代,金石之所篆刻,具有体制,好古博雅之士,皆不可以不之考也。

又吴闿生《汉碑文范·序》曰:

文章之事,以金石为最重,其体亦最难。……三代以上,铭功德于彝鼎,其辞尚简;今存者虽多,而不尽可识。石刻之文,惟岐阳之鼓,后世亦未能尽解。秦皇倔起,褒功立石,皆丞相斯为之;原本《雅》《颂》,一变而为金石之体;法律森严,足以范围百世。……继斯而作者,则孟坚《燕然山铭》。皆轩天拔地,壁立万仞。岂独二子才雄?抑金石之作,其道固如是也。

此体制之说也。又黄公渚《两汉金石文选·绪言》曰:

文章有传世、寿世之分。金石之文，尤与金石同寿；故作者下笔时，必有空前绝后之想，非苟焉而已也。故为金石文章者，人不必舒、向、卿、云，而要有金玉黼黻之才；时不必虞、夏、商、周，而要有浑浑灏灏之气。有是才，有是气，而后纵笔所至，无不合矩。长至数千言，短或百余字；字皆有律有度，辞皆有伦有脊；可以动天地，泣鬼神；固非轻才讽说之徒所能胜也。

此就工拙而言也。

综上三说，可知金石之于文章，关系甚巨；又不仅如王昶所谓"其文多瑰伟怪丽，人世罕见"（《金石萃编》序）而已。而叶昌炽以为："吾人搜访著录，究以书为主，文为宾。文以考异订讹、抱残守阙为主，不必苛绳其字句。若明之弇山尚书辈，每得一碑，惟评骘其文之美恶，则嫌于买椟还珠矣。"（《语石》）犹未免一偏之见尔。

三曰艺术 金石之文，可以订史，可以补佚，为文章之祖，百世之范，已如前述。而其书体之美，变化之多，尤为特色。自汉、魏以来，文臣学士，研习岁滋，摹拓日广，亦早成专门之学。虽古人临摹，惟重真迹；然世代绵邈，缣素莫传，惟有留于金石，得永其存。故自昔研究斯学，无不垂意于兹。综计金石之刻，据吴式芬《攈古录》

所载，自三代迄元，都一万八千余种。书法名家，据万斯同《书学汇编》录历代善书之人，上自苍颉，下迄明季，共一千五十四人。书学专著，据《四库总目》所载，亦不下六七十种；而汉、魏六朝单篇零简，悉收入于唐、宋专著之中，不复别出；乾、嘉以后，尤为繁富，皆不与焉。

其他图绘雕刻，如三代之鼎彝，吾侪观其数量之多，可以想见当时社会崇尚此物之程度；观其种类之异，可以想见当时他种器物之配置；观其质相之纯固，可以想见当时铸冶术之精良；观其花纹之复杂优美，图案之新奇渊雅，可以想见当时审美观念之发达。自秦汉至元明之镜鉴，吾侪比其年代，观其铭文，亦可以寻美术思想发展之迹。又如汉代各种石刻画像、人物鸟兽、宫室器具，无一不备，别有作风。循流而下，以至魏、齐造像，种类繁多，雕刻精绝。观此可知五世纪时中国雕刻美术之成绩，及其与印度、希腊艺术之关系。更下如唐昭陵石马、宋灵岩罗汉、明碧云刻楠、清圆明雕柱等，比较研究，不啻一部美术变迁史矣。他如玉器、陶器，三代、秦、汉以来，流传极多，观其雕刻之美（玉），埏埴之精（陶），亦我民族艺术活动之一表征也。而玺印封泥之属，尤为古雅绝伦，千百年来篆刻家所师资取法，莫能外焉。此金石有裨于艺术之大较也。

第三章 金石学之肇始及演进

第一节 肇始——汉

金石文字,考古之重要资料也。金石之学,我国过去考古学之核心也。其价值之巨,已如前述。而器物之传于世者,三代之间,有金而无石;秦、汉以后,石多而金少,而金亦无足甚重。故欲究三代之史莫如金(及近代出土之甲骨),究秦、汉以后之史莫如石。而汉、魏、六朝、隋、唐之学者,已多重之,惟尚无搜集以研究耳。试举其例:

一、时代之鉴定

有为时代之鉴定者,如《史记·封禅书》:"少君见上(武帝),上有故铜器,问少君。少君曰:'此器齐桓公十年陈于柏寝。'已而按其刻,果齐桓公器。"

二、文字之考释

有为文字之考释者,如《汉书·郊祀志》:宣帝时,美阳得鼎献之,下有司议,多以为宜荐见宗庙,如元鼎时故事。张敞好古文字，按鼎铭勒而上议曰："臣闻周祖始乎后稷，后稷封于斄，公刘发迹于豳，太王建国于郊、梁，文武兴于酆、镐。由此言之，则郊、梁、酆、镐之间，周旧居也，固宜有宗庙坛场祭祠之藏。今鼎出于郊东，中有刻书曰：'王命尸臣，官此栒邑，赐尔旗鸾、黼黻、雕戈。尸臣拜手稽首曰：敢对扬天子，丕显休命。'臣愚不足以迹古文，窃以传记言之，此鼎殆周之所以褒扬大臣，大臣子孙刻铭其先功，藏之于宫庙也……鼎小有款识，不宜荐于宗庙。"

又《后汉书·窦宪传》：和帝永元元年七月，窦宪伐单于，单于于漠北遗宪古鼎，容五斗，案其铭而知为仲山甫鼎。此亦文字之考释也。

三、文字之互证

有藉以互证文字之变迁者，如许慎《说文解字·序》：郡国亦往往于山川得鼎彝，其铭即前代之古文，皆自相似。（与鲁恭王坏孔子宅得古文书相似。）虽叵复见远流，其详可得略说也。

四、文字之存录

更有存录金石之文字者，如司马迁作《史记》，于《始皇本纪》录秦之刻石凡六：一《泰山刻石》；二《琅琊台刻石》；三《之罘刻石》；四《之罘东观刻石》；五《碣石刻石》；六《会稽刻石》；所不录者，《峄山刻石》。班固《汉书·艺文志》春秋家有《奏事》二十篇，注曰：秦时大臣奏事及刻石名山文也。又《班志》道家类载《黄帝铭》六篇，杂家类载《孔甲盘盂》二十六篇，其书不存，疑为古器文字也。凡此，皆以见马、班二子之留意石金，不仅如《左传》之载逸鼎及正考父鼎之铭，《国语》《晋语》引商衰之铭，《周礼·考工记》引嘉量之铭，《礼记·祭统篇》引孔悝之鼎铭，《大学篇》引汤之盘铭，但属偶然而已。

第二节 演进——魏至唐

以上所述,皆金石之学肇于两汉之征。魏、晋至唐,乃更见演进,以成北宋专门之学。递嬗之迹,亦可得而言焉:

一、订史正俗之例

魏孟康注《汉书·律历志》,据汉章帝时零陵文学奚景于冷道舜祠下得白玉琯;古以玉作管,不但竹也;以证《汉志》之说不尽然。

张晏注《汉书·儒林传》,案碑而知伏生名胜。

王肃释牺尊,据太和中鲁郡于地中得齐大夫子尾送女器,有牺尊,纯为牛形,以证其羽婆娑。然说非是。见《毛诗·鲁颂·閟宫》疏。

晋晋灼注《汉书·地理志》,魏郡黎阳,据山上碑所云:县取山之名,取水在其阳以为名;以证地之名黎阳,不名黎阴也。

梁刘杳尝与沈约坐,语及宗庙牺尊。约云:"郑玄答张逸,谓为画凤凰尾婆娑,然今无复此器,则不依古。"杳曰:"此言未必可,按古者尊彝皆刻木为鸟兽,凿顶及背以出内酒。(先引子尾送女器,与王肃同。)晋永嘉时曹嶷,于青州发齐景公冢,又得二尊,形亦为牛像,皆古之遗器,知匪虚也。并以证象骨饰尊之说非是。见《南史》。"

后魏郦道元《水经注》,青州刺史傅宏仁说:临淄人发古冢,得桐棺,前和外隐起为隶字,言齐太公六世孙胡公之棺也。惟三字是古,余同今书;以证隶字自出古,非始于秦也。

北齐颜之推《家训·书证篇》,据秦时铁称权旁有铜涂镂铭"诏丞相状、绾"古隶文,知俗作"隗林"之当作"隗状"也。

又《书证篇》,柏人城东北有一孤山,阚骃《十三州志》以为舜纳于大麓即此。山上有尧祠,世俗或呼为宣务山,或呼为虚无山。颜氏据城西门内汉碑有铭:"山有巏务,王乔所仙。"知俗名宣务山之当名巏务山也。案颜氏据碑以证山名;若阚骃只言柏人城东北孤山,为舜纳于大麓地,与碑无涉。

唐司马贞《史记索隐》于《高祖本纪》,据班固泗上亭长碑,知"母媪"当作"母温"。

二、撰述引用之例

郦道元注《水经》四十卷，凡引汉碑百，魏碑二十，晋及宋、魏称是。（宋洪适、明杨慎俱辑碑目另刻。）

杨衒之著《洛阳伽蓝记》五卷，引寺中所有碑志，约二十条。

北齐魏收撰《魏书》，仿道元《水经注》，于《地形志·府县》下，每引汉、魏以来石刻。

三、专著之始创

至于集录碑文，则梁元帝尝著《碑英》一百二十卷，见所撰《金楼子》。是真金石专著之祖，惜其书不传。（此据《四库提要》所引。案鲍氏知不足斋所刊《金楼子》第五卷《著书篇》，止载《碑集》十帙百卷。鲍廷博案云："《隋·经籍志》：梁元帝撰《杂碑》二十二卷，《碑文》十五卷；此作百卷，疑至隋时已失其全文。"）又《隋志》载梁顾烜著《钱谱》一卷，亦佚。其存者，有陶宏景《古今刀剑录》一卷，虞荔《鼎录》一卷，但真伪杂糅，不足以为信也。

四、石经之著录

上述以外，又有二事之足述者，则汉、魏石经之著录，及陈仓石鼓之发现是也。

按六朝、隋、唐之间,其著作之述及石经者,有《洛阳记》《西征记》《后汉书》《水经注》《洛阳伽蓝记》《北齐书》《隋书·经籍志》及《西京新记》八种。然以汉、魏石经,其时相接,其地又同。(汉石经,熹平四年;魏石经,正始中,同立于太学。)故诸书所记,往往互误。其最甚者,无如《隋志》,三字一字,且未明辨,曰:"后汉镌刻七经,著于石碑,皆蔡邕所书。魏正始中,又立一字石经。"《西京新记》复承其误,曰:"蔡邕三字石经。"至于经数石数,所记尤多纷纭,今略述之于下,以见昔人考核之欠精也。

汉石经经数,据《后汉书·灵帝纪》《卢植传》《儒林传序》《宦者传》,皆云"五经";《蔡邕传》《儒林传》《张驯传》,则云"六经";《隋书·经籍志》又云"七经"。其目,则《洛阳记》(《后汉书·蔡邕传》注引)举《尚书》《周易》《公羊传》《礼记》《论语》五种;《洛阳伽蓝记》举《周易》《尚书》《公羊》《礼记》四种;《隋志》则有《周易》《尚书》《鲁诗》《仪礼》《春秋》《公羊传》《论语》七种。其石数,则《西征记》(《太平御览》卷五百八十九引)云四十枚,《洛阳记》云四十六枚,《洛阳伽蓝记》云四十八碑,《水经注·谷水篇》复以四十八碑为魏三字石经,《北齐书·文宣帝纪》

云五十二枚。此皆先儒谓不可得而详者也。

魏石经所刊经数，据《西征记》《洛阳伽蓝记》为《尚书》《春秋》二部；《隋书·经籍志》所载，亦仅有三字石经《尚书》九卷（梁有十三卷），三字石经《春秋》三卷（梁有十二卷）。（《旧唐书·经籍志》于《尚书》《春秋》二经外，又有《左氏传》。）其石数，据《水经注·谷水篇》则四十八碑，据《西征记》则三十五碑，据《洛阳伽蓝记》则二十五碑。然无论二十五碑、三十五碑、四十八碑，均不足以容《尚书》《春秋》《左传》三书字数，此亦不可得而详者也。

右唐以前人所记汉、魏石经之经数、石数，错综如是，若非经后人精密之考定，其疑终莫能决也。

五、石鼓之发现

至于陈仓石鼓，唐以前无闻焉。始出于陈仓之野，郑余庆始取置于凤翔孔庙。唐人咸以为周宣猎碣，且谓是史籀之笔，兹录其说云：

李吉甫《元和郡县志》："石鼓文在（天兴）县南二十里许，石形如鼓，其数有十，盖纪周宣王畋猎之事，其文即史籀之迹也。贞观中，吏部侍郎苏勗记其事云：世言笔迹存者，李斯最古；不知史籀之迹，近在关中，虞、褚、欧阳，共称古妙。虽岁久讹缺，遗迹尚有可观。而历代纪地理志者，不存记录，尤可叹息。"据此则唐初虞世南、褚遂良、欧阳询，已尝称述石鼓矣。

李嗣真《书后品赞》："史籀堙灭，陈仓藉甚。"即指石鼓，言出于陈仓也。

张怀瓘《书断》论籀文云："史籀者，周宣王史官……其迹有石鼓文存焉，盖讽宣王畋猎之所作。今在陈仓。"

窦臮《述书赋》："篆则周史籀，秦李斯，汉有蔡邕，当代称之。俱遗芳刻石，永播清规。"窦蒙注云："史籀，周宣王时史官，著大篆，教学童。岐州、雍城南有周宣王猎碣十枚，并作鼓形，上有篆文，今见打本。"

韦续集五十六种书体并序。内第十五大篆书云："周宣王史史籀所作也，亦曰籀篆，石鼓文是也。"见陈思《书苑菁华》。

徐浩《古迹记》，有"史籀石鼓文并为旷绝"之言。

封演《闻见记》，其第七卷有"石鼓"一条，有目而缺文。

唐人之称石鼓者，如此而已。其他歌咏所及，杜甫有"陈仓石鼓久已讹"之句（《李潮八分小篆歌》），韦应物、韩愈，皆有《石鼓歌》。其指为周宣、史籀云云，要皆考据未精，率尔臆断，后人视之，自不免觉其幼稚可笑耳。

此魏、晋至唐金石学之演进也。

第四章 金石学之极盛及中衰

第一节 极盛——宋

昔阮元论商、周铜器之史，分周以前、汉至唐、北宋以后为三期。其言曰："三代时，钟鼎为最重之器。……自汉至唐，罕见古器，偶得古鼎，或至改元，称神瑞，书之史册，儒臣有能辨之者，世惊为奇。……北宋以后，高原古冢搜获甚多，始不以为神奇祥瑞，而或以玩赏加之，学者考古释文，日益精核。……士大夫家有其器，人识其文，阅三四千年而道大显矣。"孙星衍序《寰宇访碑录》，谓："金石之学，始自《汉·艺文志》春秋家奏事二十篇载秦刻石名山文；其后谢庄、梁元帝俱撰碑文，见于《隋·经籍志》；郦道元注《水经》，魏收作《地形志》，附列诸碑以征古迹；而专书则创自宋欧阳修、赵明诚、王象之诸人。"今观先秦以至汉、唐，学者对于金石，固已有近于研究之事；然偶得一器，偶见一石，偶然而得之，亦偶然而述之，一鳞半爪，未足为专门之学。一至北宋，金石之出土愈多，于是士大夫如刘敞、欧阳修之辈，筚路蓝缕，倡为斯学，阮元所谓"阅三四千年而道大显矣"。至其研究之方法，大约不出于著录、摹写、考释、评述四端。有存其目者，有录其文者，有图其形者，有摹其字者，有分地纪载者，有分类编纂者，或考其时代，或述其制度，或释其文字，或评其书迹，至为详备。此北宋以后研究之大概也。兹分别金石二者而言之。

一、吉金之著录

古器之出，盖无代而蔑有。隋、唐以前，其出于郡国山川者，虽颇见于史，然以识之者寡，而记之者复不详，故其文之略存于今者，惟美阳、仲山甫二鼎，与秦权莽量而已。赵宋以后，古器愈出，秘阁太常既多藏器，士大夫家亦往往多有，吕大临《考古图》录收藏之家凡四十处，《续考古图》列三十处，除重复五处，政府及寺院五处外，私人收藏计六十家。而翟耆年《籀史》所载著录金文之书，亦三十余家，南渡后诸家之书犹多不与焉，可谓盛矣。

其间私家藏器，莫先于刘敞；而为古器之学，及著录所藏者，亦自敞始。欧阳修《集古录》跋尾云："嘉祐中（一〇五六至一〇六三），刘敞为永兴守。长安为秦、汉故都，多古物奇器，埋没于荒基败冢，往往为耕夫牧竖得之，遂得传于人间，刘氏喜藏古器，由此所获颇多。"于是就所藏十有一器，使工摹其文，图其像，刻诸石，名之曰《先秦古器记》。其自序中具言攻究古器之法：曰礼家，明其制度；小学，正其文字；谱牒，次其世谥，乃为能尽之。盖古器之学，略尽于此数语；著录古器之法，亦蔑以进于此矣。此吉金之学之开山也。

嗣后著录之书，就今所存者论之，其别有三：吕氏《考古》之图，宣和《博古》之录，既写其形，复摹其款，此一类也；啸堂《集录》，薛氏《法帖》，但以录文为主，不以图谱自名，此二类也；欧、赵金石之目，张抡《古器》之评，伯思《东观》之论，董逌《广川》之跋，虽无关图谱，而颇存名目，此三类也。兹大略述之于下：

后于刘敞约三十年，吕大临著《考古图》十卷，《释文》一卷，自序称成于元祐壬申（一〇九二）。是书系将——自御府之外，三十七家所藏——古铜器二百十一，玉器十三，按其形状，令良工绘画，不失毫发，其出土之地、收藏之家，及器之大小、尺寸，无不详注。体例谨严，有疑则阙。《释文》一卷，取铭识古字，以《广韵》四声部分编之，其有所异同者，则各为训释、考证。疑字、象形字、无所从之字，则附于卷末。

其后又十余年，而有王黼《宣和博古图》出，凡三十卷。蔡絛《铁围山丛谈》云："李公麟，字伯时，最善画，性喜古，取生平所得及其闻睹者，作为图状，而名之曰《考古图》。及大观初（一一〇七），乃仿公麟之《考古》，作《宣和殿所藏博古图》。"则是书踵公麟而作，而公麟之书则已佚矣。按《博古图》著录宣和殿古器八百三十有九，分二十类以图写之，每类各有总说。释文列于图下，其器之大小尺寸，容量轻重，亦有注明。大抵考证虽疏，而形模未失；音释虽谬，而字画俱存；裒集之功为不可没也。

又《续考古图》五卷，盖南宋人续大临之书而佚其名氏。其书当成于绍兴三十二年（一一六二）之后。所收共一百器，先后不以类从，盖随见随录，故第五卷所载独少。（卷一，二十器；卷二，二十二器；卷三，二十六器；卷四，二十器；卷五，十二器。）或有铭而不摹其文，有文而不释其读者。其收藏名姓，皆载图说之首，云右某人所得，与吕书注姓名于标目下者，例亦小殊。

以上诸书为第一类。

后于王黼《宣和博古图》又三十余年，而有薛尚功《历代钟鼎彝器款识法帖》二十卷出。据曾宏父《石刻铺叙》，以绍兴十四年（一一四四）镌置公库。按是书以钟鼎原器款识，依样摹写，凡录夏器二，商器二百零九，周器二百五十三，秦器五，汉器四十二，共五百十一器。除夏器为吴、越器误认外，而商器亦多系周器。其录石鼓文十章，而标题曰"周鼓"，则尤可笑。惟其所摹，虽大抵以《考古》《博古》二图为本，而搜辑较广，实多出于两书之外。笺释订讹，亦多有依据，非钞撮蹈袭者比也。

同时王厚之亦著《钟鼎款识》一卷。厚之，绍兴时（一一三一至一一六三）人。其书凡录款识五十九种，系将秦熺、朱敦儒等所藏之器，辑其拓本而成。

又王俅著《啸堂集古录》二卷，编录彝器之属，自商迄汉，凡三百四十五器，摹其款识，各以今文释之，未有考证。按是书序于淳熙丙申（一一七六）；而《四库提要》称米芾《画史》曾著录其人，则当为北宋仁宗（一〇二三至一〇六三）或仁宗以前人，书不应成于百年后也。

以上诸书为第二类。

张抡著《绍兴内府古器评》二卷，《四库提要》以为明人所作。按是书共录一百九十六器，而有五十器已见于《博古图》，故提要以为"明代妄人剽《博古图》而伪作"。实则"靖康北徙，器亦并迁"（元冯子振序杨钧《增广钟鼎篆韵》），此不足二百之器，或为金人所剩遗耳。惟考《馆阁续录》所载，南渡后古器储藏秘省者，凡四百十八事；淳熙以后续降付四十事，别有不知名者二十三事；嘉定以后，续降付八十三事；则与此书所录，数又不符，真伪殊难晓也。

黄伯思，政和中（一一一一至一一一七）官至秘书郎，学问淹贯，无不精诣。又好古文奇字，钟鼎彝器款式体制，悉能了达辨正。所著有《法帖刊误》二卷，《古器说》四百二十六篇。绍兴丁卯（一一四七），其子诇，与其所著论辨题跋，合而刊之，总名曰《东观余论》。又《书录解题》载伯思《博古图说》十一卷，凡诸器五百二十七，印章四十五。又称后来修《博古图》者，多采用之。疑即是书之《古器说》四百二十六篇，以官书行而易名也。

董逌，亦官政和中。其《广川书跋》十卷，皆著录古器款识，及汉、唐以来碑帖，论断考证，皆极精当。

以上诸书为第三类。至于欧、赵金石之目，则其价值于石刻为尤巨，拟于下节述之。

此外，宋人笔记之涉及古器者，尚有：张世南之《游宦纪闻》，内辨古器款识及颜色制度极详；赵希鹄之《洞天清录》，有古钟鼎彝器辨二十条，亦精，则为鉴别之事矣。又有翟耆年《籀史》一卷，约南宋初（一一二七）作，则述斯学之原委甚详焉。

上述宋人著录古器之书,今所存者,大略在是。王静安先生据此三类以作《宋代金文著录表》,其序中总论诸书云:"国朝乾、嘉以后,古文之学复兴,辄鄙薄宋人之书以为不屑道。窃谓《考古》《博古》二图,摹写形制,考订名物,用力颇巨,所得亦多;乃至出土之地,藏器之家,苟有所知,无不毕纪,后世著录家当奉为准则。至于考释文字,宋人亦有凿空之功;国朝阮、吴诸家不能出其范围。若其穿凿纰缪,诚若有可讥者,然亦国朝诸老之所不能免也。"洵为的评。

二、石刻之著录

石刻之为古人所重,亦始于汉。历六朝至唐,著录考证,已数见不鲜。然其专辑成书,而传于世者,则自宋人始。约而言之,其例有六:一曰存目;二曰跋尾;三曰录文;四曰分地;五曰分人;六曰纂字。兹分别述之于下:

一曰存目、二曰跋尾 夫金石显晦有时,古今见闻互异,是宜以及身所见,著之简编;考索有得,则附以题识,此金石学之最初所有事也。上述古器著录之第三类,即同于此。按此例应用之最早者,为欧阳修之《集古录》。其次

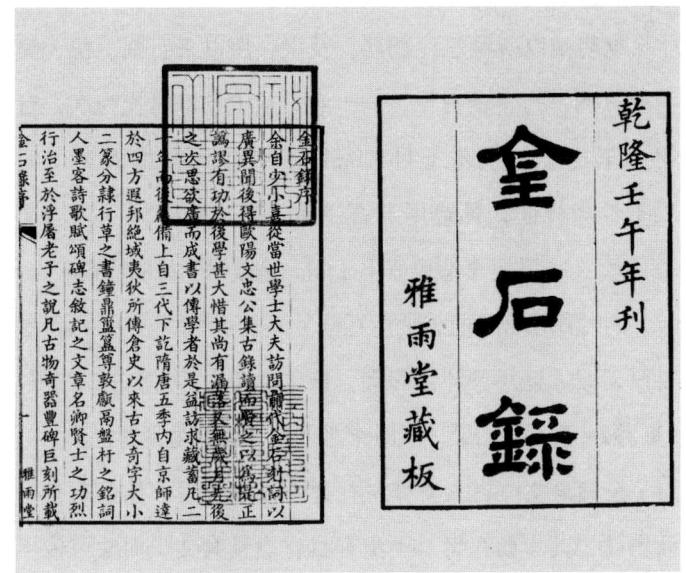

《金石录》（宋赵明诚撰，清乾隆年间雅雨堂刻本）

为曾巩及赵明诚之《金石录》。

欧阳修搜罗金石刻文，积至千卷，撮其大要，名为之说，凡跋尾四百余篇，为《集古录》十卷，于嘉祐六年（一○六一）成书，其时略同于刘敞《先秦古器记》之作。修子棐，又撰《集古录目》二十卷，则目与跋别行者也。

曾巩，为嘉祐进士，与修同时。史称其尝集古今篆刻为《金石录》五百余卷，其书不传；今存一序及跋尾十四则在《南丰类稿》中。是在赵明诚之先也。

赵明诚以所藏三代彝器,及汉、唐以来石刻,仿《集古录》例,为《金石录》三十卷。前十卷以时代为次,自第一至二千,咸著于目,每题下著年月撰书人名。后二十卷为辨证,凡跋尾五百二篇。绍兴中(一一三一至一一六二),其妻李清照表上于朝。是跋附于目而行也。

同时郑樵著《通志·金石略》(二十略之第十八),则但录目而无跋。且所录钟鼎碑碣,核以《考古》《博古》二图,《集古》《金石》二录,脱略十之七八,盖未为精博也。

三曰录文 古人著作,托金石以垂于后;然金石有时而销泐,其幸而存者,不贵存目,贵录其文,而后可传于无穷。故欧、赵以后,继而有具录全文之作也。今所存者,惟洪适《隶释》一书。

洪适《隶释》,成于乾道二年丙戌(一一六六),明年正月,序而刻之,凡二十七卷。自卷一至十九,共列碑一百九十二,卷二十录《水经注》中碑,卷二十一至二十三录《集古录》中碑,卷二十四至二十六录《金石录》中碑,卷二十七录《天下碑录》中碑。又《隶续》二十一卷,自乾道戊子(一一六八)至淳熙己亥(一一七九)渐次刻竣。两书著录碑文,每篇皆依其文字写之。其以某字为某字,则具疏其下;兼核著其关切史事者,为之论证,称精博云。

此外惟《古文苑》一书，不知为何人所纂，所录诗赋杂文，自东周迄于南齐，凡二百六十余首，颇多金石刻辞。南宋淳熙间（一一七四），韩元吉次为九卷。至绍定间（一二二八），章樵为之注释。其所载《诅楚文》、石鼓文，为见于存录全文之最早矣。

四曰分地　欧、赵诸书，著录金石，惟详于时，地或阙焉。于是又有分地纪载与专记一地之作。王象之《舆地碑目》、陈思《宝刻丛编》、郑昞《五路墨宝》，统载之分地者；田概《京兆金石》、刘泾《成都刻石总目》，则专记一地者也。

王象之《舆地碑目》四卷，自序作于嘉定辛巳（一二二一）。以天下碑刻地志之目，分郡编次，而各注其年月姓氏大略于下。起临安，迄龙州，皆南渡后疆域。其中颇有考订精确者，实为后世分地研究古物之先导。

同时，陈思著《宝刻丛编》二十卷。《四库提要》称思为理宗时人（一二二五至一二六四）。其书搜录古碑，以《元丰九域志》京府州县为纲，其石刻地理之可考者，案各路编纂，未详所在者，附于卷末。兼采诸家辨证审定之语，具著于下。又王象之《舆地碑目》，河、淮以北，概属阙如；此则于诸道郡色，纲分目析，沿革厘然，较象之特为赅备。

又郑旸集荆、襄、川、蜀金石刻为《五路墨宝》；既录碑之全文，附以己说，欧阳《集古》考究未备者，闻有辨正。类为数巨册，考证良备，悉上秘府。其书不传，见《清波杂志》。按是书著作年代未详，据所称五路，当亦南渡后之作，同于象之之书。

田概《京兆金石》六卷，元丰五年（一〇八二）王钦臣序，皆记京兆府县古碑所在。其书不传，陈氏《宝刻丛编》屡引之。

刘泾《成都刻石总目》，元祐中（一〇八六至一〇九三）蔡京帅成都，以意授泾，纂府县碑版幢柱，自东汉初平迄伪蜀广政，凡二百六十有八。此与田概《京兆金石》均作于象之《舆地碑目》之前，惜皆失传。

五曰分人 又有《宝刻类编》八卷，不著撰人名氏，《四库提要》称其为理宗（一二二五）后人。其编撰次第，断自周、秦，迄于五季，凡分八类：曰帝王，曰太子诸王，曰国主，曰名臣，曰释氏，曰道士，曰妇人，曰姓名残阙。每类以人名为纲，而载所书碑目其下，各系以年月地名。搜采赡博，叙述详明，前代金石著录之富，未有过于此者。

惟所分名臣释道，考之史传，不尽可征，体例踳驳，难可依据，故后贤编辑，无依为程式者。

六曰纂字 上述五种以外，又有纂集文字，编次为书，所谓以隶为经，以碑为注脚，虽无关著录，而颇存名目，如刘球《隶韵》，娄机《汉隶字源》是也。

刘球之先，洪适尝有《隶韵》之作，今《盘洲集》中仅存一序，其书不传。球书亦名《隶韵》，凡十卷，载入《宋史·艺文志》。其碑目所引诸碑，凡二百六十一种，存于今者，不及四分之一。则球当日采获之勤，编次之多；阐洪氏之绪余，道字源之先路，为功亦匪浅也。

娄机《汉隶字源》六卷，悉依《隶释》原次，盖以补洪氏之阙。凡录汉碑三百有九，魏、晋碑三十有一，各纪其年月、地里、书人姓名，以次编列。文字异同，间有考证。按机为乾道二年（一一六六）进士，其书成于何时不详。

其他宋人笔记所及，或遗佚不传，尚复不少，略而举之，如：胡世将《资古绍志录》（多考订金石文字。其书不传，陈思《宝刻丛编》屡引之），吴曾《能改斋漫录》（力辨石鼓文出于周宣王史籀大篆，仍本唐人之说），洪迈《容斋五笔》（内载唐《平蛮碑》，以证明皇之用内侍高守信主兵柄，不始于肃、代之用鱼朝恩、吐突承璀也。又驳正《博古图》谬妄之说，一书再书），程大昌《雍录》（有《石鼓考》，以为成王时物）、《考古编》（以《琅琊台碑》文，证秦以前已尝刻石），陈樵《负暄野录》（上卷多论石刻）诸书，皆有考订金石之作。尤可惜者，张淏《云谷杂记》称叶梦得取古碑所载与史违误者，为《金石类考》五十卷，书竟不传，不知有几多珍异材料被湮没也！

综计宋代金石学者及金石著作，李遇孙《金石学录》录六十一人，杨殿珣《宋代金石佚书目》（《考古》第四期）列八十九种；而容媛女士《金石书录目》仅二十二人，书三十种，则今所存者，仅及佚者三之一焉，宁不可叹！

第二节　中衰——元明

一、元人之著录

上述两宋三百余年间学者对于金石之学,可谓勤矣。递传至元,承前宋极盛之后,难乎为继,是固因风尚之不重实学,亦由金石器物之少所发现也。所可述者,仅吾丘衍、潘迪、杨钧、潘昂霄诸家而已。

吾丘衍著有《学古编》及《周秦刻石释音》二书。《学古编》一书,专为篆刻印章而作,可弗具论。其《周秦刻石释音》一卷,则因宋杨文炳曾著《周秦刻石释音》一书,载石鼓文、《诅楚文》《泰山》《峄山》及《琅琊台碑》;衍以所取《琅琊台碑》不类秦篆,不应收入,因重加删定,以成是书。

同时潘迪,亦著《石鼓文音训》。按石鼓文,宋人考释者,已不乏人,迪乃取薛尚功、王厚之、施宿、郑樵诸家之说,考订其音训刻诸石。

杨钧著《增广钟鼎篆韵》七卷。按宋王楚始作《钟鼎篆韵》，薛尚功已重广之（书皆不传）。钧又博采金石奇古之字，增补两家之所未备。冯子振序称是书参订博采，使古文奇字，列列在目，可与薛氏书辅翼而行。

又有《汉隶分韵》七卷，不著撰人，亦无时代。《四库提要》据其分韵标目，定为元人所作。其书取洪适等所集汉隶，依次编纂。又以各碑字迹异同，缕列辨析，足资考证。此与前三书，皆为字书之属，所谓藉引证以存名目者也。

学者于金石文字著录考订以外，又有义例之说，则倡于元潘昂霄，宋人无有焉。惟自昂霄而后，学者多踵为之，亦寖寖乎成大观矣。是昂霄之功为不可没也。昂霄著《金石例》十卷，本示作文之式，非考订金石也。然其述碑碣墓制之原始制度，颇引古刻，如"墓铭之始"条下，引王戎墓铭，比干墓铜盘铭，延陵季子墓铭，汉滕公、夏侯婴得定葬石铭；"墓图"条下引南阳宗资墓石刻字；不独取材于《昌黎集》也。

又梁有于天历间奉敕历河南北，录金石刻三万余通上进；类其副本，编三百卷，曰《文海英澜》。则仅见诗人题咏，恐未可征实，姑录之以志异闻耳。

此外惟陆友《研北杂志》，多论书画古器，中亦颇有考证，如援《北史》证马定国以石鼓出宇文周之非，其说甚是也。

二、明人之著录

元代八十余年，金石著作，屈指可数。明承其敝，稍稍振起；然宋人古器之学，仍无继承。惟著录仿造之《宣德鼎彝谱》，辨析极精，或可资以鉴别耳。按是书，明宣德中礼部尚书吕震等奉敕编次。始宣宗以郊庙彝鼎不合古式，命工部尚书吴中采《博古图录》诸书，及内府所藏柴、汝、官、哥、均、定各窑之式更铸。震等纂集前后本末，以成此书，实无与于古器也。

其述及古器者，仅曹昭之《格古要论》及王佐之《新增格古要论》，于古铜器俱有论次，考证颇详。至于胡文焕之《古器具名》及《古器总说》，则全袭《考古》《博古》二图，又从而割裂汩乱，谬误百出，不足观也。他若卜褰之《古器铭释》，亦系抄袭《博古图》及薛尚功《钟鼎款识》》之文，前后失次，摹刻舛讹，亦不足据。

纂录古字之书，则有丰道生之《金石遗文》，李登之《摭古遗文》，朱时望之《金石韵府》，释道泰之《集钟鼎古文韵选》，方仕之《集古隶韵》，诸书皆分韵编次，大抵传写失真，或竟以意杜撰，体例既陋，考证尤疏，盖无一足观也。

石鼓音释，宋、元诸家，已多聚讼。杨慎复为《石鼓文音释》三卷，自序称："东阳尝语慎及见东坡之本，篆籀特全，将为手书上石，未竟而卒。慎因东阳旧本，录而藏之。"《金石古文》亦言慎得唐人拓本，凡七百二字，乃其全文。实则慎以补缀为奇，全出伪托，朱彝尊《日下旧闻》已详辨之，根本不足信也。陶滋著《石鼓文正误》二卷，以薛尚功、郑樵、施宿等音释不免舛讹，因亲至太学，就原石抉剔刻文，一一校定。然年深阙画，仍多影响揣摩。其后序踵杨慎之说，谓曾见苏轼摹本六百一十一字，则仍是自欺欺人也。

石刻之著录，一本宋人之成例。其存目者，有杨慎之《不经注碑目》一卷，叶盛之《菉竹堂碑目》六卷，及顾起元之《金陵古金石考》一卷。而杨慎之目，不知宋洪适《隶释》，尝以《水经注》所载诸碑，类为三卷，未免赘疣，且精密亦不及适。

存目而附跋尾者，有赵崡之《石墨镌华》六卷，凡录碑目二百五十三种。金、元国书，世不多见，则仿《集古录》摹载钟鼎之例，钩勒其文，惟所跋详于笔法，而略于考证。又郭宗昌之《金石史》二卷所载虽止五十种，然其《论衡岳碑》《比干墓铜盘铭》《季札碑》《天发神谶碑》《碧落碑》诸条，皆灼指其伪，洵为卓见。又论石鼓文谓以石为鼓无所取义，石又不类鼓形，改为《岐阳石碣文》，颇得其实。惟主董逌《广川书跋》之说，据《左传》定为成主所作，则仍不免失之耳。

又有盛时泰之《苍润轩碑跋》一卷，《续跋》一卷，所著多六朝金陵之迹，率皆借观于人，非尽出所自藏；又多但据墨本，不复详考原石，故考证多疏。

其录文者，最初有陶宗仪之《古刻丛钞》一卷，录碑七十一种：汉一、后汉二、晋一、宋三、梁三、隋二、唐四十九、南唐一、北宋二、南宋一、无年月者六。皆全录其文，以原额为题，无所考辨，亦无先后次序。然所载诸碑，传于世者甚罕，非惟补金石家之缺漏，即读史谈艺，亦均有所裨也。

继有杨慎之《金石古文》十四卷，录三代、秦、汉石刻最富，俱钞列全文，间有跋语。汉碑之残缺者，以洪适《隶释》足之，然真伪错杂，殊多疏漏。盖以文章为主，不以考据为归也。又徐献忠亦有《金石文》七卷，辑录三代以来金石之文，商、周、秦各一卷，汉四卷。然未能博征金石，皆采掇于《考古》《博古》二图，《集古》《金石》二录，《钟鼎款识》《隶释》《隶续》诸书，传写多误，别无考证，意亦仅在文章也。

后有都穆之《金薤琳琅》二十卷，亦具录全文，各为辨证。凡周刻二，秦刻六，汉刻二十三，隋刻五，唐刻二十七，然亦疏漏舛谬，不一而足。穆又辑《吴下冢墓遗文》，凡三十四篇，则皆诸家集中所不概见。

又前人著录，惟详于古，赵崡《石墨镌华》之采及金、元，已为难得。而陈昉撰《吴中金石新编》八卷，则专录明初诸碑。其书采郡中石刻，分类编辑，自学校、官宇、仓驿、水利、桥梁，以及祠庙、寺观诸碑碣，区为七目，而录其全文，凡一百余篇。其有关于一郡之文献者，颇不浅也。

又有自刻其字，而自辑其文为一书者，则始于朱珪之《名迹录》六卷。珪善篆籀，精于刻印，又工勒石，因裒其生平所镌，编为此集。夫欧、赵诸家，以碑版证史传之误，不一而足。是编所录，皆珪手镌，固愈于年祀绵邈，搜求于磨灭之余者矣。

其分地者，则有孙克弘之《碑目》三卷，来濬之《金石备考》十四卷，于奕正之《天下金石志》（无卷数），赵均之《金石林时地考》二卷，皆仿陈思《宝刻丛编》之例，统载天下碑目，分郡编次。然诸书大抵仅取前人所著录者，存其名目，非所亲睹，故时复舛误，无裨于考据也。

此外继潘昂霄而言义例者，有王行之《墓铭举例》四卷，为例十二，盖取昂霄《金石例》而增补也。

综明一代之作，虽亦有数种可取，然大抵展转稗贩，罕有新识，叠床架屋，徒形其赘。甚且纪载失实，真赝莫辨，仅逞臆说，毫无考订。是则明儒治学之通病，吾不能为贤者讳矣。故金石之学，至宋而极盛，至元、明而中衰也。

第五章 金石学之复兴创获及整理

金石之学，肇于汉，盛于宋，而中衰于元、明。入清以后，百年之间，海内渐定，群治朴学，而斯学乃复兴焉。于是三古遗物，应世而出，金石之出于丘陇窟穴者，既十数倍于往昔；而自光绪季年甲骨之发现以迄今日，若陶器，若简牍，若封泥，皆出于近数十年之间。其数量之多，年代之古，与金石同；其足以考经证史，亦与金石同，皆古人所不及见也。

大抵著录之法，多本前代之成例。曰存目，曰跋尾，曰录文，曰摹写，曰篆字，曰义例，曰分地，皆前代所固有也。曰分代，曰通纂，曰概论，曰述史，曰书目，则前代所未尝有也。准此诸例，略可尽此一期中金石学之大凡矣。若其发展之迹，先石刻，次吉金，更次甲骨。而甲骨之学，尤为后起之劲。盖器物之时代愈古，其证史之价值愈大，其从事之工作亦愈艰，而所得之结果则愈巨，然犹未能尽其什一也。兹先述石刻，次吉金，更次则甲骨简牍等类。

第一节 复兴——清初至现代

一、石刻之著录

清初顺治、康熙、雍正三朝（一六四四至一七三五），其时吉金之器，未闻续出，故诸家攻究，承前明之余，偏于石刻。乾隆（一七三六）以后，古器之学复兴，乃与石刻分述专精，各自名家，蔚为极盛。兹仍按著录之体例言之。

一曰存目 国初有曹溶《古林金石表》一卷，杂列碑帖之目八百余种，无所编次，亦无所谓表也。其后钱大昕者《潜研堂金石文字目录》八卷，与其跋尾别行，亦同于欧、赵之书。又有吴荣光之《筠清馆金石文字目》二卷，《续目》二卷；赵魏之《竹崦盦金石目录》五卷；而以吴式芬之《攈古录》二十卷，自三代迄元，都一万八千余种，自有目录以来，未之有也。近时缪荃孙著《艺风堂金石文字目》十八卷，则叶昌炽独称其网罗宏富，冠绝古今。后缪禄保复有《续目》五卷，中多讹误。以上皆金石兼采，特石多于金耳。其专录碑目，则有孙星衍、邢澍之《寰宇访碑录》十二卷，自周、秦迄元，约八千种。其后续补之书，有赵之谦、罗振玉、刘声木三家，所增又不啻一倍过之。他如顾燮光之《古志汇目》《古志新目》，黄立猷之《石刻名汇》，罗振玉之《蒿里遗文目录》，皆著录近世所出也。其有录私家所藏，如范懋敏之《天一阁碑目》，王楠之《话雨楼碑帖目录》，端方之《陶斋藏石目》，陶鉴泉之《涉园藏石目》，张钫之《千唐志斋藏石目录》，则较孙、赵诸家之网罗无外，所录不必其所藏者，略少舛误。盖题名歧出，往往多有，苟未见原石，或并其拓本而未按者，其重复遗漏，又何能免！惜数量太多，难以统古今而作一著录表耳。

一曰跋尾　自国初顾炎武、朱彝尊辈重在考据，以为证经订史之资。此风一开，踵事者多，凡清人之言金石者，几莫不以证经订史为能事。炎武所著，有《金石文字记》六卷。彝尊有《曝书亭金石文字跋尾》六卷。炎武自序谓"抉剔史传，发挥经典，颇欧、赵二录所未具者"，洵不虚也。彝尊博闻闳览，考据亦精，与炎武称抗手，继前贤，开后学，于两先生实无愧焉。其后钱大昕著《潜研堂金石文跋尾》二十八卷，王鸣盛称其尽掩永叔（欧阳修《集古录》）、德父（赵明诚《金石录》）、元敬（都穆《金薤琳琅》）、子函（赵崡《石墨镌华》）、亭林、竹垞、虚舟（王澍《虚舟题跋》）。七家而出其上，遂为古今金石学之冠。同时武亿著《授堂金石跋》二十四卷，严可均著《铁桥金石跋》四卷，皆考订精卓，亦《潜研》之流亚也。以上所举，叶昌炽所称为金石考订之最精者。此外，国初如刘青藜之《金石续录》，叶奕苞之《金石录补》，林侗之《来斋金石刻考略》，李光暎之《观妙斋藏金石文考略》；中世如瞿中溶之《古泉山馆金石文编》，冯登府之《石经阁金石跋文》，赵绍祖之《古墨斋金石跋》，洪颐煊之《平津读碑记》，及近时徐树钧之《宝鸭斋题跋》，杨守敬之《壬癸》《己庚》《丁戊金石跋》，吴士鉴之《九钟精舍金石跋尾》，郑业斆之《独笑斋金石文考》，方岩之《校碑随笔》，罗振玉之《雪堂金石文字跋尾》《云窗漫稿》《松窗近稿》《丙寅》《丁戊》《辽居》《车尘》《松翁未焚诸稿》，皆称精卓。至如孙承泽之《庚子销夏记》，王澍之《虚舟题跋》《竹云题跋》，陈奕禧之《隐绿轩题识》，何焯之《义门题跋》，蒋衡之《拙存堂题跋》，翁方纲之《苏斋题跋》，张廷济之《清仪阁题跋》，梁章钜之《退庵金石跋》，莫友芝之《金石笔识》，何绍基之《东洲草堂金石跋》，则诸家大抵以书法鉴赏著称，故其绪论，详于拓本之辨析、书学之源流、书品之高下，而亦不废经史之考订。盖兼具考订、鉴赏、评骘之长也。

一曰录文 炎武又有《求古录》一卷，则辑录石刻之文者。其编集之例：凡已见方志者不录，现有拓本者不录，近代文集尚存者不录。上自汉《曹全碑》，下至明建文《霍山碑》，共得五十六种，具载全文，并志其地理，考其建立之由。其中官职年月，多可与正史相参。同时陈奕禧辑《金石遗文录》十卷，王渔洋称其于秦、汉以来金石文字，搜弄尤富，皆为题跋辨证。其后吴玉搢有《金石存》十五卷、《列篆隶碑》一百二十通，黄本骥有《古志石华》三十卷，赵绍祖有《金石文钞》八卷、《续钞》二卷，俱录全文。张埙有《张氏吉金贞石录》五卷，冯缙有《话兰堂后金石纪存》二十卷，汪鋆有《十二砚斋金石过眼录》十六卷，《续录》六卷，端方有《陶斋藏石记》四十四卷，吴鼎昌有《慕汲轩志石文录》，关葆谦有《审美堂藏石录》各一卷，则皆私家之籍也。而魏锡曾之《绩语堂碑录》，叶昌炽称其"阙文泐字，空格跳行，皆以原碑为准，钩心斗角，毫发无遗"，允为体例之最善已。至马邦玉之《汉碑录文》，吴闿生之《汉碑文范》，则不独为断代之书，抑亦近于评选之事矣。

一曰摹图 吉金图录，自昔有之，于清为盛，容述于后。至于摹绘石刻，则前代未有，始于褚峻之《金石经眼录》。按是书峻自摹图，牛运震补说。峻以己所亲见之碑，缩于边幅而摹勒之。自太学石鼓以下，迄于曲阜颜氏所藏《汉无名碑阴》，为数四十有七。运震各系以说，详其高卑广狭及所在之处。断趺残碣之形，雨蚀苔侵之迹，无不宛然在目。后运震复益以魏、吴以下迄于唐六十图，改名《金石图》。然但于一碑之中，约取数十字，而具说其上，大非前刻之精矣。其后如黄易之《小蓬莱阁金石文字》（全为石刻），叶志诜之《平安馆金石文字七种》（石刻六），吴云之《二百兰亭斋金石文字七种》（石刻五），徐渭仁之《随轩金石文字九种》（石刻七），丁彦臣之《梅花草盦石刻钩本》，何澂之《汉碑篆额》，刘心源之《奇觚室乐石文述》，皆祖褚峻之意。至于近世影印发明，无须以拓本摹刻，成书之易，远非昔比；而其影本风行，适足为临池仿效之资，虽精美胜旧，然与前人之苦心孤诣，亦迥不相侔，又当别论者焉。

一曰纂字 承宋刘球、娄机之绪者，最初有顾蔼吉之《隶辨》八卷，钩摹汉隶之文，以宋《礼部韵》编次，每字下分注碑名，并引碑语。虽舛误甚多，惟于机后续出之碑，尽为摹入，修短肥瘠，不失本真，足补《字源》之阙。又附《碑考》二卷，注今在某处，亡者引某书云在某处，以年代先后为次，亦较《字源碑目》为详。乾、嘉以后，石刻之出土更多，于是据以修订增辑之书，尚十余种，如项怀述之《隶法汇纂》，甘扬声之《汉隶异同》，翟云升之《隶篇》，皆巨著也。又有邢澍之《金石文字辨异》，杨绍廉之《金石文字辨异补编》，梁廷枏之《碑文摘奇》，赵之谦之《六朝别字记》，罗振鋆之《碑别字》，罗振玉之《碑别字补》，则在辨证异同，条举别体，并不限于汉隶也。至于诸书要旨，实不过为临池之一助，使下笔有本耳。若绳以六书之义，则连篇累牍，无非别字，美其名曰假借，谓可以补训故之缺佚，而有裨于小学，实对于古人之恕词也。

一曰义例 承潘、王之绪，专言义例，最初有黄宗羲之《金石要例》一卷，标三十六例，以补其阙。后人续补无已，复有严长明之《汉金石例》，梁玉绳之《志铭广例》，李富孙之《汉魏六朝墓铭纂例》，郭麐之《金石例补》，吴镐之《汉魏六朝志墓金石例》及《唐人墓志例》，冯登府之《金石综例》，梁廷枏之《金石称例》，王芑孙之《碑版文广例》，鲍振芳之《金石订例》，刘宝楠之《汉石例》……而不得其休，诚洋洋乎大观矣。且前代诸书，实止取名家文集，罕及金石。后之继作，方的采汉、魏以来石刻，斯名副其实；然亦惟详于义例书法，究无关于著录也。

一曰分地 石刻之分地纪载，在宋尝有二派：一、统战寰宇而分地者；二、专记一地之所有者。自清迄今，则概属于第二派，且极为发达。据容媛《金石书录目·地志类》所载，凡一百五十六部，附录十部，而清以前人之作仅三部而已。又方志中金石志目，其数尤多，凡二百九十七部。而清以前人之作，仅一部而已。今就地志类所载而分析之，有专记一省者，如阮元之《两浙金石志》《山左金石志》，毕沅之《中州金石记》《关中金石记》，翁方纲之《粤东金石略》，谢启昆之《粤西金石略》，最负盛名。有专记一府者，如严观之《江宁金石记》，杜春山之《越中金石记》，黄瑞之《台州金石录》，戴咸弼之《东瓯金石志》，李遇孙之《括苍金石志》，陆心源之《吴兴金石记》，皆有定本。有专记一邑者，如段嘉谟之《金石一隅录》，段松苓之《益都金石记》，武亿之《安阳县金石录》《偃师金石记》，最为脍炙。此外有专考一隅者，如林侗之《唐昭陵石迹考略》，叶封之《嵩阳石刻集记》，张鉴之《墨妙亭碑目考》，刘喜海之《苍玉洞宋人题名》（以上皆叶昌炽《语石》卷十所举），皆其著称者焉。至海外金石，刘喜海尝有

《海东金石苑》及《海东金石存考》，傅云龙有《日本金石志》等书。继承诸家，如罗振玉之《海外吉金录》《海外贞珉录》及《三韩冢墓遗文目录》，容庚之《海外吉金图录》，刘承幹之《海东金石苑补遗》，乃大备矣。

一曰分代 自宋以来之著录金石，大抵统三代以迄其时。专记一代之书，惟明陈昕之《吴中金石新编》，专录明初诸碑，此外未闻。然陈书局于一隅，体例有别。其统载一代域中之刻，则始于翁方纲之《两汉金石记》。其后有吴兰修之《南汉金石志》，王懿荣之《汉石存目》，王琛之《汉隶今存录》，尹彭寿之《魏晋石存目》，缪荃孙之《辽金石存目》，黄本骥之《元碑存目》，罗振玉之《秦金石刻辞》，范寿民之《元氏志录》等书，惜犹未能如分地记载之发达也。至于一代之中，择其一二种所谓铭心绝品，而专考之，则未易悉数焉。略而举之，如瞿中溶之《汉武梁祠画像考》，阮元之《华山碑考》，许梿之《夏承碑考》，周在浚、汪照之《天发神谶碑考》，吴骞之《国山碑考》，张弨、汪士铉、翁方纲、吴东发、汪鋆诸家之《瘗鹤铭考》，及近人秦更年之《华山碑续考》，顾燮光之《刘熊碑考》，罗振玉之《天发神谶碑补考》，郑文焯之《高丽国永乐好大王碑释文纂考》诸书，皆石刻之特著者。又如石鼓文之考释音训，自刘凝以下至近时马衡，凡二十余家。石经之考异补证，自顾炎武以下至近时王国维，且五十余家，将不胜备录矣。而马衡之《石鼓为秦刻石考》，证据凿然，铁案如山，千古聚讼，从此定谳。王国维之《魏石经考》，考定汉、魏石经之经数石数：汉为《易》《书》《诗》《仪礼》《春秋》《公羊》《论语》七经，凡四十六碑；魏为《书》《春秋》及《左传》至庄公中叶为止，凡三十五碑。论断确凿，决千古之疑。此外诸家，皆可废也。

一曰通纂 至有兼具存目、录文、摹写、跋尾之长，几于集金石学之大成者，则王昶之《金石萃编》是。昶以所藏自三代至辽、金计千五百通而甄录之，以时代为次，先录碑文。其文字漫漶见于他书者，则为旁注以纪其全。篆隶及古文别体，则摹其点画，加以训释。凡题额、碑阴、两侧，亦必详载。碑制之长短宽博，取建初虑俿尺度其分寸，并志其行字之数。诸家题跋，见于金石诸书及文集所载者，悉附于下；最后则更列己说。书凡百六十卷，盖颇近于类书之体例。叶昌炽称其"譬之唐人义疏，经与传合，注与疏合，虽异古本，实便学者，在金石著录家可谓集其大成矣"。其后续补之书，如陆耀遹之《金石续编》二十一卷，王言之《金石萃编补略》二卷，方履篯之《金石萃编补正》四卷，皆是也。又同时严可均亦辑《平津馆金石萃编》二十卷，后陆增祥又辑《八琼室金石补正》一百三十卷，及近时刘承幹辑《希古楼金石萃编》十卷，体例略同，皆闳编巨制也。

一曰概论 自宋以来金石著录，可谓极盛，虽考证题跋，穷极博奥，然未有通古今寰宇而总论之；有之，惟光绪季年叶昌炽之《语石》十卷，然亦专论石刻者，金弗与焉。叶氏自少从事碑版之学，访求逾二十载，藏碑至八千通，其自序云："上溯古初，下迄宋、元，元览中区，旁征岛索，制作之名义，标题之发凡，书学之升降，藏弆之源流，以逮摹拓装池，轶闻琐事，分门别类，不相杂厕，自首至尾，可析可并。既非欧、赵之目，亦非潘、王之例，非考释，非辑录，但示津途，聊资谈囿。"其书卓识别裁，精博通贯，梁任公先生尝极称之，可谓空前绝后者矣。他如方若之《校碑随笔》，顾燮光之《梦碧簃石言》，虽亦近于概论之性质，而精粗纯驳，迥不相侔，终非其匹也。

以上所述，皆偏于石刻者焉，后当述吉金之著录。

二、吉金之著录

吉金之事，自宋人《考古》《博古》《钟鼎款识》以后，久无嗣响。清乾隆初，始命儒臣录内府藏器，仿《宣和博古图》为《西清古鉴》，凡四十卷。后又撰《宁寿鉴古》十六卷，《西清续鉴》甲乙编各二十卷，皆成于乾隆一朝。于是海内士夫，闻风承流，相与购致古器，搜集拓本。其集诸家器为专书者，则始于阮元之《积古斋钟鼎彝器款识》，而莫富于吴式芬之《攈古录金文》。其著录一家藏器者，则始于钱坫之《十六长乐堂古器款识》，而迄于端方之《陶斋吉金录》。著录之器，殆四倍于宋人焉。而数十年来，古器滋出，其新出土者与以前散在人间未经著录者，又略得著录者之半。王静安先生尝据清人所为《吉金图录》之书，作《国朝金文著录表》六卷，其目如下，可以见清代斯学发达之程度焉：

钱坫《十六长乐堂古器款识》四卷。

阮元《积古斋钟鼎彝器款识》十卷。

曹载奎《怀米山房吉金图》不分卷。

吴荣光《筠清馆金文》五卷。

刘喜海《长安获古编》二卷。

吴式芬《攈古录金文》九卷。

徐同柏《从古堂款识学》十六卷。

朱善旂《敬吾心室彝器款识》不分卷。

吴云《两罍轩彝器图释》十二卷。

潘祖荫《攀古楼彝器款识》二卷。

吴大澂《恒轩所见所藏吉金录》不分卷。

刘心源《奇觚室吉金文述》二十卷。

端方《陶斋吉金录》八卷，《续录》二卷，《又续》一卷。

罗振玉《集古遗文》中《金文》若干卷。[未印行。建新按表中采录罗氏《梦郼草堂吉金图》（三卷，《续编》一卷）甚多，而序且未列。]

又《秦金石刻辞》三卷。

又《历代符牌录》二卷。

按王氏书成于甲寅（一九二四）八月，其有当时未尽传世，或不及见者，尚复多种。丹徒鲍鼎因复据续出之书，及原表未列之《西清古鉴》《西清续鉴》及《宁寿鉴古》三书，作《国朝金文著录表补遗》二卷，成于辛未（一九二一）初秋。其目如下：

《西清古鉴》四十卷。

《西清续鉴甲编》二十卷，《附录》一卷，《乙编》二十卷。（《乙编》未印行。）《宁寿鉴古》十六卷。

陈介祺《簠斋古金录》不分卷。（顺德邓实辑。）

张廷济《清仪阁所藏古器物文》十卷。

又《张叔未所藏金石文字》不分卷。(四会严荄辑。)

方濬益《诂籀谚吉金彝器款识》不分卷。(俪阳章琢其辑。)

罗振玉《集古遗文》十六卷。

又《金泥石屑》二卷。

邹安《周金文存》六卷。

又《双玉玺斋金石图录》不分卷。

容庚《宝蕴楼彝器图录》不分卷。(以上各书皆已印行。)

黄易《小蓬莱阁金文》不分卷。

王瓘《两汉吉金遗文》不分卷。

徐乃昌《随盦吉金图》不分卷。

又《积学斋集古器物文》不分卷。

陈承修《猗文阁金文》不分卷。(以上皆未印稿本。)

清代吉金著述之富,观此可知。然两表于金文诸书,颇有去取,非一律采录。今传世之书,有非两表所录,及近年出版者,尚可举焉:

张燕昌《金石契》五卷。

陈经《求古精舍金石图》四卷。

冯云鹏、云鹓《金石索》十二卷。

刘喜海《金石苑》六卷。

张德容《二铭草堂金石聚》十六卷。

鲍昌熙《金石屑》四卷。

又《金石文字》一卷。（以上皆金石兼采。）

丁麟年《榉林馆吉金图识》一卷。

吴大澂《愙斋集古录》二十六册。（民国七年印行。）

盛昱《郁华阁金文》四十八册。（是即王氏表序所称"时郁华阁金文拓本之富，称海内第一"者，后归于罗振玉。）

关百益《新郑古器图录》二卷。（民国十八年印行。）

容庚《颂斋吉金图录》一卷。（民国二十二年印行。）

又《武英殿彝器图录》二册。（民国二十三年印行。）

于省吾《双剑誃吉金图录》二卷。（民国二十三年印行。）

方焕经《楚宝斋藏器图释》一卷。（民国二十三年印行。）

刘体智《善斋吉金录》二十八册。（民国二十三年印行。）

又《小校经阁金文拓本》十八册。（民国十四年印行。）

方濬益《缀遗斋彝器款识考释》十四册。（民国二十四印行，是即鲍氏表例所称"以南北间阻，未能寓目"者。）

刘节《寿县所出楚器图释》一卷。（民国二十四年印行。）

商承祚《十二家吉金图录》二册。（民国二十四年印行。）

郭沫若《两周金文辞大系图录》二编。（民国二十四年印行。）

是皆吉金图录之书，承宋人《考古》《博古》二图，及薛氏《款识》之绪者也。至于攻究之法，亦不能外刘敞《先秦古器记》所云制度、文字、世谥三者，而聚讼辄未能定。善乎王静安先生之言曰："夫古器之作，距今率二三千年，文物屡变，典籍俄空。原父所云：制度、文字、世谥三者，虽经数百年数十家之攻究，所通者劣得其半。如古器之名，皆定于宋人；然在今日，尚有遇物而不能名，或名而未尽确者。至于文字、世谥，尤为纠纷，自王、薛以至阮、吴诸说，其可信者，十不过四五。盖一人之学识有限，而方来之心思耳目无穷；今日所能为者，在留其文字形制于天壤间，使天下后世，皆得而攻究焉。善于考古者，盖莫逾此。"（《随庵吉金图》序）又论文字之考释曰："自周初迄今，垂三千年；其迄秦、汉，亦且千年。此千年中，文字之变化脉络，不尽可寻，故古器文字，有不可尽识者，势也。古代文字，假借至多，自周至汉，音亦屡变。假借之字，不能一一求其本字，故古器文义，有不可强通者，亦势也。自来释古器者，欲求无一字之不识，无一义之不通，而穿凿附会之说以生。穿凿附会者，非也；谓其字之不可识，义之不可通，而遂置之者，亦非也。文无古今，未有不文从字顺者。今日通行文字，人人能读之，能解之；

《诗》《书》彝器，亦古之通行文字，今日所以难读者，由今人之知古代，不如知现代之深故也。苟考之史事与制度文物，以知其时代之情状；本之诗书，以求其文之义例；考之古音，以通其义之假借；参之彝器，以验其文字之变化。由此而之彼，即甲以推乙，则于字之不可释，义之不可通者，必间有获焉。然后阙其不可知者，以俟后之君子，则庶乎其近之矣。"（《毛公鼎考释》序）此先生自述其攻究之方法，而示我人以津梁，凡从事斯学者，盖莫能外其说也。

摹写考释以外，则有录其文者，如邹安之《周金文存》（已见鲍《表》引用），吴闿生之《吉金文录》，于省吾之《双剑誃吉金文选》，然皆意在评选，止于录文而已。惟有王静安先生之《两周金石文韵读》，凡录文四十余篇，其时代自宗周以迄战国之初，国别如杞、邹、邾、娄、徐、许等并出《国风》十五之外；然求其用韵，与《三百篇》无乎不合，则其足以补诸家韵书之所缺漏者多矣。

又有纂其字者，则采摭繁富，亦非前代诸书所能比拟者也。原汉许慎之作《说文解字》，虽云"郡国亦往往于山川得鼎彝，其铭即前代之古文"，实则未加采录，其所载古籀之文，未必见于鼎彝。宋人始有集金文而编次者，书皆不传。元明数家，多不足观。清初，汪立名撰《钟鼎字源》

五卷，专采钟鼎之文，依韵编次，亦混淆殊甚。厥后惟吴大澂之《说文古籀补》十四卷，《附录》一卷，依据许书，较为可遵。然以钟鼎文字续出者多，故有一再增补而不能尽，如近时丁佛言之《说文古籀补补》，强运开之《说文古籀三补》，林义光之《文源》，马德璋之《古籀文汇编》，容庚之《金文编》及《续编》，大抵皆承吴氏而作也。而采录之富，尤莫逾于最近徐文镜之《古籀汇编》。惟马、徐二书，并兼及甲骨文字，不仅限于金文焉。至于因钟鼎文字之变化离奇，多与许书六书源流之说不合，颇有据以攻难许书之谬者，则属文字之问题，此不详论；惟钟鼎文字之有大造于文字之学，使昔日几于尊许书以配六经之观念一变，而促成文字学之革命，则断可明焉。

自宋以来古器之著录，或仅就一家所藏，或广征诸家之器，其称名互异，纷歧错出，几于目眩神昏，莫可究诘，学者憾焉。于是王静安先生有《宋代金文著录表》（一卷）及《国朝金文著录表》（六卷）之作。其自述作表之方法云："器以类聚，名从主人。其有异同，分条于下。"（《宋表》序）又自述其工作之艰苦云："长夏酷暑，墨本堆案，或一器而数名，或一文而数器。其间比勘一器，往往检书至十余种，阅拓本至若干册，穷日之力，不过尽数十器而已。……然著录之器，既以千计；拓本之数，亦复准之；文字异同，不过毫厘之间；摹拓先后，又有工拙之别。虽再三覆勘，期于无误；然复重遗漏，固自不免。"（《国朝表》序）可以知之矣。是书既出，吉金诸器，始得如散钱一一在串，学者便之。继其后者有鲍鼎之《国朝金文著录表补遗》二卷，其依据之书，俱见前引。惟王表鉴别真伪，一一注明，鲍表则阙；王表于汉以后器采至宋、金而止，鲍表则增元、明两朝。此其异也。最近罗福颐复有《三代秦汉金文著录表》及《内府藏器著录表》二书之辑，体例悉同。至柯昌济著《金文分域编》二十一卷，则竟如王象之、陈思之著录石刻矣。

上述诸家著录，称名互异，莫可究诘；则厘订名称，实为著录之先决问题。而名之待正，又有二端：一为类名，一为主名。古人于此，多所忽略：或觥而曰匜，则误其类矣；或甲鼎而曰乙鼎，则误其主矣。后者苟铭文未泐，尚易于辨正；至于类名，则难言焉。王静安先生因据宋人之所定者，及清人之所命名，作《说斝》《说觥》《说盉》《说彝》《说俎》（俎以木为之，非吉金之器）诸篇，而统名曰《古礼器略说》。其明"散"为"斝"之讹字，"乙类匜"之为"觥""盉"之非调味之器，"彝"实为礼器之总名，皆宋、清两代之所忽略误认，得王氏之说而始正也。其后容庚有《殷周礼乐器考略》一篇，载《燕京学报》，亦厘订名称之事也。

又前人对于吉金诸器之考察，皆偏于款识文字之释读，及器物形制之研究；至于在重要方面，如器物之时代，及由器物本身以推论在古代之文化，由款识文字以考知古代之史迹，殆全为学者所忽略。自王静安先生著《生霸死霸考》《鬼方、昆夷、獯狁考》及《观堂古金文考释》五种（毛公鼎、不𡢁敦、散氏盘、盂鼎、克鼎五种），始有方法以推定器物之时代，而着眼于古代文化史迹之大端。其后郭沫若著《古代铭刻汇考》《殷周青铜器铭文研究》及《金文丛考》；吴其昌著《金文历朔疏证》及《续补》，《金文疑年表》及《金文氏族谱》；而两周社会情状、氏族世系及诸器时代，始多所发明。其所考证，虽未必绝无疑义，要为近世吉金之学之一大贡献也。

上述钟鼎碑碣为金石之大宗，所有著录，十九系此。然此外又有若干种附庸蔚为大国，因而别出一类以研究者，则为钱币、玺印、兵符、镜鉴、玉器、瓦砖等物。兹复依次述之于后。

三、钱币之著录

钱币之专辑成书，肇于梁顾烜之《钱谱》，其后唐封演有《续钱谱》六卷，今皆不传。传者以宋洪遵之《泉志》十五卷为最早。其时较王黼略后，约当西历千一百六十年左右。是书汇辑历代钱图，分为九品，自皇王偏霸以及荒外之国，凡有文字可记、形象可绘者，莫不毕载。然大抵出自意造，诞妄不经。又有宋阙名之《钱谱》一卷，见于《说郛》原本。其后重刻，或题为宋董逌著，或改为明董通著，皆依托耳。明胡我崐又有《钱通》三十二卷。前代著录，此外无闻焉。自清至今，据《金石书录目》所载，计五十七部。其间官书除乾隆时敕编之《钱录》十六卷外，余皆私家之籍。其搜罗之富，鉴别之精，莫过于李佐贤之《古泉汇》六十四卷，后又一再续补至三十二卷，著录凡六千品，泉谱中之巨擘也。按此种钱币，即我国古代交易之媒介。中古以后，帝王易代，必另铸新钱。故由其质之美恶，量之轻量，形之大小，制之精粗，可以考见历代之经济状况。且搜罗之辈，不特限于本国，即国外输入者，亦甚注意。则不仅可研究本国之经济状况，且可考见四围外族与我国贸易之情形焉。

四、玺印之著录

考辑录古印,始终宋晁克一之《集古印格》,其书一卷,见于《郡斋读书志》。此外王俅、颜叔夏、姜夔、王厚之,各有谱录。今除王俅《啸堂集古录》略有采辑,及王厚之《汉晋印章图谱》外,余皆不存。元赵孟頫之《印史》,吾丘衍之《学古编》,杨遵之《集古印谱》,今亦惟存《学古》一编。明人著录,见于《四库提要》者,有来行学之《宣和集古印史》,徐官之《古今印史》,顾从德之《印薮》,何通之《印史》,然皆讹谬百出,鄙陋可笑。见于《金石书录目》者,则有王常之《集古印谱》,甘旸之《集古印谱》,潘云杰之《秦汉印范》,罗王常之《秦汉印统》四种;而后三种实为增改《集古印谱》而成。自清至今,藏家既多,存录尤富,除专录政府收藏之《金薤留珍》二十五册,《毓庆宫藏汉铜印》二册,《避暑山庄藏汉铜印》四册外,余皆私家之籍。据罗福颐《印谱考》所列,则顺治时一种,康熙时二种,乾隆时十五种,嘉庆时十九种,道光时十六种,咸丰时一种,同治时六种,光绪时十八种,宣统时三十四种,清共一百一十二种。益以《金石书录目》列民国以来二十六种,为一百三十八种。其间收藏之富,应推陈氏介祺,其《十钟山房印举》存录盈万，世称"万印楼"者是也。古印拓存以外，又有纂其文字，以为印学之一助者，则有桂馥之《缪篆分韵》，袁日省之《汉印分韵选集》，谢景卿之《汉印分韵续集》，及近人孟昭鸿之《汉印分韵三集》及《印字类纂》，罗福颐之《古玺文字征》《汉印文字征》等书，亦犹《钟鼎字源》及《隶辨》之编次也。原古印之所以重，盖于此可以考见古代官名及地名之更改，为史书所不载者，往往甚多，故史家亦极重之。至于篆刻家之因以有所观摩，而使其艺事精进，则有赖于古印之师资，价值之可贵，自更不待言矣。

五、兵符之著录

兵符皆以铜制，秦、汉曰虎符，唐、宋曰鱼符，元则俗名虎头牌而不曰符。其物传世虽少，而重要过于印章。宋人著录，仅无名氏之《续考古图》有一品。至清而遂有专辑之书，如瞿中溶之《集古虎符鱼符考》及翁大年之《古兵符考略》各一卷。近人则有罗振玉之《历代符牌图录》一卷，《后编》一卷，《隋唐兵符图录》一卷等书。王静安先生有《秦新郪虎符跋》《秦阳陵虎符跋》《记新莽四虎符》《记隋铜虎符》《伪周二龟符跋》及《元铜符跋》等篇，言历代兵符之制甚备，容详于后。至于著录之数，合王、鲍两表，共得一百十器。

六、镜鉴之著录

镜之为物，古以铜制，盛行于汉，历魏、晋、六朝、隋、唐而犹不衰，元、明以后，玻璃代兴，铜镜始渐消灭。其所刻图像之精，铭文之隽，至可玩味，容详于后。宋人著录，厥数甚鲜；出土传世，清代为多。其专辑成书，始于钱坫之《浣花拜石轩镜铭集录》二卷，其次有梁廷枏之《藤花亭镜谱》百卷，陈介祺之《簠斋藏镜》二卷，徐元润之《铜仙传》一卷。近人则有罗振玉之《古镜图录》三卷，《古镜铭集》一卷，《镜话》一卷，及徐乃昌之《小檀栾室镜景》六卷等书。其著录之数，尚无统计。

七、玉器之著录

玉器之用，曰佩，曰执，曰陈，其有关典礼，载在经史，亦可以证经训、考古制，价值与钟鼎埒，不徒供玩好已也。至于品类之繁，雕琢之精，尤可以见古代艺术思想技巧之发展。其著录之书，始于宋吕大临之《考古图》，惜无所考证。龙大渊之《古玉图谱》，则系后人据《三礼》

《考古》《博古》诸图而伪作，《四库提要》辨之甚详。元朱德润之《古玉图》二卷，实为专辑之最早者，然只寥寥数十器，沿用旧说，亦无考证。至清，瞿中溶有《奕载堂古玉图录》一卷，陈性有《玉纪》一卷，而以吴大澂之《古玉图考》二册辨订源流，引证经传，图说详明，至为精核。又陈、吴二书，后人均有补正，刘心宝之《玉纪补》，李凤廷之《玉纪正误》，郑文焯之《古玉图考补正》是也。而郑书正吴氏之说凡二十三则，为尤精卓。此外惟阙名之《玉社古玉所见录》一卷，及《古玉图》一卷，黄濬之《衡斋藏见古玉图》二卷，刘子芬之《古玉考》一卷，及钱启同之《玉说荟刊》一卷而已。

八、瓦砖之著录

古砖文之著录，始于宋洪氏《隶续》之收汉永平、建初等砖文，而不及瓦，瓦无年月也。惟元祐六年宝鸡县民权氏浚池得瓦，文曰"羽阳千岁"，为秦武公、羽阳宫瓦，其事载王辟之《渑水燕谭录》。外如《长安图志》《东观余论》，闻亦及之。清代以后，秘藏日出，瓦砖并重，乃有专辑之书。其专录瓦文者，始于乾隆时朱枫之《秦汉瓦当图记》，而以近人罗振玉之《秦汉瓦当文字》为最精。其专录砖文者，始于道光时严福基之《严氏古砖存》，而以陆心源之《千甓亭古砖图释》，端方之《陶斋藏砖》为最富。亦有二者并录者，则以高鸿裁之《上匋室专瓦文攈》为最精博。总计自清至今著录之书，都四十余种；而品类之异，自秦、汉以迄隋、唐，各在三百以上。

第二节 创获——清末至现代

上述金石及其附庸,著录咸始于宋,至清而盛而专。今则有最近四十年来各地创获之器物,为前此所未尝发现,或发现而未尝注意,或注意而未尝著录,或著录而未尝专门,则殷虚之甲骨,西域之简牍,齐、鲁之封泥,燕、齐之陶器及河、洛之明器是也。

一、甲骨之著录

长殷虚甲骨文字者,乃殷代卜时命龟之辞,刻于龟甲及兽骨上。光绪二十四五年间(一八九八至一八九九),始出于河南彰德府西北五里之小屯;其地在洹水之南,三面环之,《史记·项羽本纪》所谓洹水南殷虚上者也。初出土后(时土人认为龙骨以治疮,后乃入古董客之手),潍县估人得其数片,以售之福山王懿荣(闻每字售银四两云)。王氏命秘其事,一时所出,先后皆归之。二十六年王氏身故,其所藏皆归丹徒刘鹗。鹗复命估人搜之河南,所藏至三四千片。二十八年，刘氏选千余片影印传世，所谓《铁云藏龟》是也。三十二年，上虞罗振玉官京师，复令估人大搜之。于是三十二年以后所出，多归罗氏；自其年至宣统三年，所得约二三万片。而彰德长老会牧师明义士（T.M.Menzies，加拿大人）所得，亦五六千片。其余散在各家者，尚近万片。（总计已出土者，约有四万至五万片。）近年发掘，尚时有所获，惟数甚寥寥，且有伪造者。其著录此类文字之书，除《铁云藏龟》外，有罗氏之《殷虚书契前编》（一九一二）、《殷虚书契后编》（一九一六）、《殷虚书契菁华》（一九一四）、《铁云藏龟之余》（一九一五），日本林泰辅博士之《龟甲兽骨文字附钞释》（一九一四），明义士之《殷虚卜辞》（*The Oracle Records of the Waste of Yin*，一九一七），哈同氏之《戬寿堂所藏殷虚文字》附王国维《考释》（一九一九），丹徒叶玉森之《铁云藏龟拾遗附考释》（一九二五），天津王襄之《簠室殷契征文附考释》（一九二五），南阳董作宾之《新获卜辞写本》（一九二八），开封关百益之《殷虚文字存真附考释》（一九三二），乐山郭沫若之《卜辞通纂》及《考释索引》，东莞容庚、吴县瞿润缗之《殷契卜辞附释文及文编》，番禺商承祚之《福氏所藏甲骨文字附考释》及《殷契佚存附释文》（以上均一九三三年），凡十六种。而研究其文字者，则瑞安孙诒让始于光绪三十年撰《契文举例》；罗氏于宣统二年撰《殷商贞卜文字考》，嗣撰《殷虚书契考释》（一九一四）、《殷虚书契待问编》（一九一六）等。其后王襄之《簠室殷契类纂》（一九二一），商承祚之《殷虚文字类编》（一九二三），醴陵朱芳圃之《甲骨学文字编》（一九三三），潢川孙海波之《甲骨文编》（一九三四），诸书皆依《说文》分部，用吴大澂《说文古籀补》之例也。审释文字，自以罗氏为第一。其考定小屯之为故殷虚，及审释殷帝王名号，皆由罗氏发之。嗣王静安先生复据此种材料，作《殷卜辞中所见先公先王考》，以证《世本》《史记》之为实录，且可辨其舛误；作《殷周制度论》，以比较二代之文化，皆大有裨于经史之学也。其后叶玉森之《殷契钩沉》（一九二三）、《说契》（一九二四）、《揅契枝谭》（与前书合订），丹徒陈邦福之《殷虚霾契考》（一九二八）、《殷契辨疑》（一九二九），郭沫若之《甲骨文字研究》（一九三〇），钟祥李济及董作宾等之《安阳发掘报告》（一九二九至一九三三），泰兴陈晋之《契学概论》，鄞邑徐协贞之《殷契通释》（以上均一九三三年），朱芳圃之《甲骨学商史编》（一九三五），诸书于殷商史迹及其时之社会风俗、制度、心理，均有述及。

而郭著多具新解，启发之功尤巨。最近董作宾著《甲骨文断代研究例》（载《庆祝蔡元培先生六十五岁论文集》），定标准十项：一曰世系；二曰称谓；三曰贞人；四曰坑位；五曰方国；六曰人物；七曰事类；八曰文法；九曰字形；十曰书体。以为鉴别时代之准则，说明近世甲骨文字研究之方法。颇为详备。按此学自罗氏之审释文字，王氏之考订史实，十余年来虽续有纂述，然其中所可研究发明之处尚多，正有待于后此之努力也。

二、简牍之著录

古人书刻，金石甲骨以外，其惟竹木。其用未识始于何时，要当于金甲相先后；然今日之所遗存，则以汉为最早矣。按木简之发现，第一次为晋太康二年（二八〇），汲郡人不准盗发魏襄王墓——或言安厘王冢，得竹书十车。见于《晋书·束晳传》《荀勖传》《卫恒传》《王接传》等篇。第二次亦为晋时，时有人于嵩山下得竹简一枚，上两行科斗画，人莫能识。司空张华以问束晳，晳曰：此汉明帝显节陵中策文也。见于《文选·任昉荐士表》李善注引《张骘文士传》。第三次为齐建元元年，在襄阳楚王墓中得木简。见于《齐书·文惠太子传》。第四次为宋徽宗政和中，于陕西发现汉永初二年木简，仅有二枚。靖康之祸，为金人索之而去。见于《东观余论》及《困学纪闻》。其在近世，则当光绪中叶（一九〇〇至一九〇一），英属印度政府所派遣之匈牙利人斯坦因博士（M.Aurel Stein）访古于我和阗，于尼雅河下流废址，得魏、晋间人所书木简数十枚。嗣于光绪季年（一九〇六至一九〇八），先后于罗布淖尔东北故城，得晋初人书木简百余枚；于敦煌汉长城故址，得两汉人所书木简数百枚。（原物均归英国博物馆收藏。）皆经法人沙畹教授（Ed.Chavannes）考释。其第一次所得，印于斯氏《和阗故迹》（*Sand-Buried of Khotan*）中。第二次所得，别为专书，于一九三四年间出版。此项木简，中有古书（《苍颉篇》《急就篇》等）、历日、方书，而其大半皆屯戍簿录（又有公文、案卷、信札等），于史地二学关系极大。一九一三，沙畹教授寄其校订未印成之本于罗振玉、王国维二氏，重加考订；并斯氏在和阗所得者，影印行世，所谓《流沙坠简》（一九一四年出版）是也。其后法人又于新疆掘得汉、晋木简数百枚，张凤据以印为《汉晋西陲木简汇编》（一九三一年出版）。此外俄人希亭（Hedin）亦有所得；又日人大谷光瑞所得，有《西域图谱》一书，然其中木简，只吐鲁番之二三枚耳。按《流沙坠简》，王氏有序，考证其出土之地，及诸地古代之情状甚详；又跋十八则，考证其官制文例亦精；又有《简牍检署考》，则更考证其制度沿革至尽。《汉晋西陲木简汇编》，陈直亦据以考证，得三十一则，曰《木简考略》（一九三二年出版）。近世关于敦煌西域所出汉、晋木简之著述，大略在是。

三、封泥之著录

古人遣使传信，中途恐有泄漏，乃以木简缚成一束，于结绳处以含胶质之泥封固，取玺印钤之，是为封泥。按封泥出土，不过近百年内之事，当时或以为印范；盖此事传之后世，其制久废，几不知有此事实。及吴式芬、陈介祺之《封泥考略》出（光绪三十年印行），始定为封泥。考封泥之物，实与古玺相表里；而官印之种类，较古玺印为尤夥，其足以考正古代官制、地理者，为用至大。故自吴、陈二氏之《考略》行世，其后续有著录，如罗振玉之《齐鲁封泥集存》，陈宝琛之《澂秋馆藏古封泥》，周明泰之《续封泥考略》，吴幼潜之《封泥汇编》，陈直之《汉封泥考略》，及胡琨之《封泥印古录》，北京大学文史部之《封泥存真》，皆与古印谱同其价值。而罗氏《集存》自序，详言出土源流；王静安先生序，详考官制地理，为陈、吴所不及者;又王氏《简牍检署考》复详其制度;于是封泥之为物,乃大显于世矣。

四、陶器及明器之著录

古陶之大别,约有二端:一为日常之用具;一为丧葬之明器。而古陶之稍有系统可述者,多赖历代明器之发现。即日常用具,亦往往因明器而发觉。盖掘墓获得明器时,用具亦于无意中得之。至于近世燕、齐新出之古陶用具,有属于史前者,有属于三代者,有属于秦、汉、六朝、隋、唐者。三代之器,率与其时之铜器相似,盖即钟鼎彝器之所取范也。惟其文字,不与普通钟鼎文同,近人考证为战国时文字,有与古玺封泥极相似者。隋、唐以后,则为瓷器艺术之发达时代矣。其著录之书,在今日尚未发达,大抵与瓦砖并存。如高鸿裁之《上匋室专瓦文攈》,所录凡五十二种。方若之《藏匋拓本》,其第四册略有拓序。此外如陈介祺之《簠斋藏陶》,刘鹗之《铁云藏陶》,吴隐之《遯庵古陶存》,王献唐之《邹滕古陶文字》,黄文弼之《高昌陶集》,率有存录。余则附于明器著录之书。

所谓明器,乃死者殉葬所用,如俑及鬼怪之类,近年出土甚多。其最初注意者为罗振玉。光绪三十三年,罗于北京厂肆得古俑二，嗣后续有所得。至一九一六年，乃将历年所藏，选其精者，印为《古明器图录》，是为明器加入古物之始。罗于器形外无所说明，时代鉴定亦未及半；然至此既引外人之注意，复动商贾之搜求，罗氏之功，盖即在此。西人购器者固多，发掘者亦有。一九二二年，安特生博士（Anderson）及师丹斯基博士（Sdansky），会于河南渑池发掘仰韶遗址。后两年，安氏又在甘肃发掘。故明器出土者日多，盗出于国外者甚众，而外人之研究著述，亦渐刊行。一九一九年，罗福有《汉陶》（Laufer：*Chinese Pottery of the Han Dynasty*）之刊行；一九二四年，滨田耕作有《中国古明器泥像图说》之刊行；一九二八，亨慈又有《中国明器》（Hentze, C：*Chinese Tomb Figures*）之刊行。其他论文及图像之刊印于《考古杂志》者，不一而足。一九三〇年，郑德坤、沈维钧二氏，收买古明器数十种于洛阳，归而研究，并参照中西书籍，著《中国明器》，是为中国研究陶器第一有系统之作。宝藏初辟，此后正未有涯涘也。

第三节　整理——清中叶至现代

一、史料之纂述

金石之学，滥觞于汉，极盛于宋，寖衰于元、明，而复兴于清。自宋以来，学者萌起，著作如林，或闳编巨制，或单篇零简，不可胜计。即或未有著作，而其人之一言一行，有涉于金石之存废者，亦复不少。是斯学之史迹，有待于搜集而阐述者矣。此前代所未有，而作始于清嘉道间李遇孙之《金石学录》。书凡四卷，刻于道光四年（一八二四）。其书历叙自周、秦以后，直至清嘉庆年间（一八二〇）所有关于金石学之人物、事迹及著作。自经史、类书、笔记、文集，无不兼采，搜辑赅备，诚有功于斯学也。其后补其遗漏，有陆心源之《金石学录补》三卷，刻于光绪十二年（一八八六）。及褚德彝之《金石学录续补》二卷，刻于一九一九。又有田士懿之《金石著述名家考略》四卷，刻于一九二八年；及宣哲之《金石学人录》(稿本)，皆其伦也。其著录之数，以宣哲为最富，计周五人，秦一人，汉十四人，魏六人，吴二人，晋（附后赵及秦）十五人，宋一人，齐一人，梁十人，北魏二人，后周一人，隋三人，唐三十一人，五代（附杨吴及南唐）三人，宋一百六十四人，辽二人，金（附齐及西夏）八人，元四十八人，明九十七人，清一千〇五十八人，合计一千四百七十二人（见卫聚贤《中国考古学史》引）。若更益以现代以来一百五十余人（据容媛《金石书录目·朝代人名通检》），则清至现代，实占全数三分之二以上，可谓盛矣。惟自李遇孙以至宣哲，其所搜采，颇多杂糅，意在求博，不无可议，严格论之，盖泰半不得与于其列也。

二、书目之编辑

金石学书之在前代，经、史、子、集四部之中，无不入之。明以前无论已。即如清《四库全书》之中，系薛尚功《钟鼎款识》于经部小学类字画之属；系欧阳修《集古录》，洪适《隶释》《隶续》等于史部目录类金石之属；系吕大临《考古图》、王黼《博古图》等于子部谱录类器物之属；系潘昂霄《金石例》于集部诗文评类之属。可谓不伦。清末，张之洞之《书目答问》，乃依郑樵《通志》之例，于史部别出金石一门，分目录之属、图像之属、文字之属、义例之属四类；然薛氏之书，仍入小学，犹未当也。

至于专录金石之书者，首推叶铭之《金石书目》，宣统二年（一九一〇）刊行。著录金石书凡四百九十二种，不著时代，不分类属。后十五年（一九二五）而有田士懿之《金石名著汇目》，正、续、补遗、失录，都六百六十二种，以时代为次，目下间注版本。后一年（一九二六）而有黄立猷之《金石书目》，书分金文、石文、匋文、骨文、地方、法书、义例、题跋、汇考、目录十类，著录都八百七十八种，补遗四十七种。又后二年（一九二八）而有林钧之《石庐金石书志》，著录九百七十种，分分地、断代、录文、存目、图谱、石经、记载、考证、释例、字书、法帖、杂著十二类。而容庚以为皆所未惬，列举其谬。最近容媛女士辑《金石书录目》十卷（一九三五），分总类、金类、钱币类、玺印类、石类、玉类、甲骨类、陶类、竹木类、地志类十类。而每类之中又别为目录、图像、文字、通考、题跋、字书、杂著等子目以分领之。分类明确，体例精当，著录九百七十七种，上自萧梁，下迄最近，皆据其涉览所及，绝无以耳代目之弊。兹列表于下：

总类\分类		总	金	钱币	玺印	石	玉	甲骨	陶	竹木	地志	计合
目录	清以前	六	一			六						一四
目录	清至今	一六	一五			二一	一				三三	九〇
图像	清以前		五		三		三	一				九
图像	清至今	二一	五〇	三八	三	六	四	三	二八		八	一六一
文字	清以前	一	三	一	五	九					一	二〇
文字	清至今	三二	三六	四	六四	一三三		一六	一八		一〇七	四一〇
通考	清以前					一			一			一
通考	清至今	六	四		三	九	四	一七				四四
题跋	清以前	五	一			七						一三
题跋	清至今	五五	一二	一		二二	一				七	八八

续表

总类/分类		总	金	钱币	玺印	石	玉	甲骨	陶	竹木	地志	计合
字书	清以前					三						四
字书	清至今	一一	四		六	一四		六		六		四七
杂著	清以前	二										
杂著	清至今	一三	三	一三		六	一	一			八	四五
传记	清以前											
传记	清至今	七										七
义例	清以前					二二						二二
义例	清至今					一二	一	一				一四
合计	清以前	一五	一二	三	五	二八					二	六七
合计	清至今	一六一	一一四	五七	七八	一二三	一	四六	四七	六	一六三	九〇六

上表（除日本、高丽）共九百〇六种，六千〇〇七卷。此外尚有《方志中金石志目》：江苏二十三种，三十八卷；浙江五十二种，一百二十八卷；安徽七种，十一卷；江西十二种，十二卷；福建八种，三十八卷；广东三十种，八十四卷；广西三种，十八卷；湖南十四种，六十五卷；湖北七种，二十二卷；四川二十八种，三十卷；贵州一种，一卷；云南三种，六卷；吉林一种，一卷；黑龙江一种，一卷；河北十五种，四十卷；河南二十六种，七十八卷；山东三十二种，五十七卷；山西十二种，二十一卷；陕西十九种，二十四卷，甘肃一种，一卷；察哈尔一种，二卷；新疆一种，二卷。以上共二百九十七种，六百八十卷。

又按以上所举，均就今所存者而言；其有遗佚不传，并存者而统计之，据宣哲之《金石学著述考》（稿本见卫聚贤《中国考古学史》引），共约二千二百余种；则佚之与存，数几相埒，斯又金石学之不幸已。

第二编 说金

第一章 总说

第一节　制作之原始及历代之宝重

三代以上之传说——周以前——汉至唐——历代宝重之原因

《史记·封禅书》:"黄帝作宝鼎三,象天地人。"又:"禹收九牧之金,铸九鼎,象九州。"此金器之始制也。按黄帝三鼎,余无可征,自是传说云尔。夏禹九鼎,则屡见于经传,历代传递,一若信而有征者,试举其说:

《左传》宣三年:"昔夏之方有德也,远方图物,贡金九牧,铸鼎象物。……桀有昏德,鼎迁于商。……商纣暴虐,鼎迁于周。"

又桓二年:"武王克商,迁九鼎于雒邑。"

《墨子·耕柱》则以鼎为启作:"昔者夏后开(启)使蜚廉采金于山川,而陶铸之于昆吾。……九鼎既成,迁于三国;夏后失之,殷人受之;殷人失之,周人受之。"

《国策·东周策》:"昔周之伐殷,得九鼎。"

《史记·封禅书》："夏德衰，鼎迁于殷；殷德衰，鼎迁于周；周德衰，鼎迁于秦；秦德衰，宋之社亡，鼎乃沦伏而不见。"

此禹鼎之一大掌故。其鼎之有无，及三代之是否以德而迁，俱在疑信之间。惟铜矿之初被发现，冶术之初被应用，及其时铜矿产量之稀少，而为有国者所宝重，则断可明焉。特所重在质而非古耳。

殷、周两朝，产量增加，制作大盛，而愈以为重器。自汉至唐，则古器罕见，得之以为祥瑞。北宋以后，出土渐多，始不以为神奇，而或以玩赏加之。故阮元论商周铜器，分周以前、汉至唐、北宋以后为三期，兹录其说如下：

三代时钟鼎为最重之器，故有立国以鼎彝为分器者：武王有《分器》之篇（《书》序：武王封诸侯，班宗彝作《分器》），鲁公有彝器之分（《左》定四年，分鲁公官司彝器，分康叔大吕，分唐叔姑洗，皆钟也），是也。

有诸侯大夫朝享而赐以重器者：周王与虢公以爵（庄二十一年，郑伯之享王也，王以后之鞶鉴予之。虢公请器，王予之爵，郑伯由是恶王），晋侯赐子产以鼎（《左》昭七年，晋侯赐子产莒之二方鼎），是也。

有以小事大而赂以重器者：齐侯赂晋以地而先以纪甗

(《左》成二年），鲁公贿晋卿以寿梦之鼎（《左》襄十九年，公享晋六卿，贿荀偃束锦加璧乘马，先吴寿梦之鼎），郑赂晋以襄钟（《左》成十年，郑子罕赂晋以襄钟。杜注：郑襄公之庙钟），齐人赂晋以宗器（《左》襄二十五年。杜注：宗器，祭祀之器），陈侯赂郑以宗器（《左》襄二十五年），燕人赂齐以斝耳（《左》昭七年），徐人赂齐以甲父鼎（《左》昭十六年），郑伯纳晋以钟镈（《左》襄十一年。亦见《晋语》），是也。

有以大伐小而取为重器者：鲁取郓钟以为公盘（《左》襄十二年），齐攻鲁以求岑鼎（《吕氏春秋》：齐攻晋，求岑鼎，鲁君载他鼎以往，齐侯弗信。又见《说苑》《新序》），是也。

有为述德徽身之铭以为重器者：《祭统》述孔悝之铭，叔向述谗鼎之铭（《左》昭三年），僖子述正考父鼎铭（《左》昭七年），史苏述商衰之铭（《晋语》），是也。

有为自矜之铭以为重器者：礼至铭杀国子（《左》僖二十五年），季武子铭得齐兵（《左》襄十九年），是也。

有铸政令于鼎彝以为重器者：司约书约剂于宗彝（《周礼·秋官》），晋郑铸刑书于刑鼎（《左》昭六年。又二十九年），是也。

且有王纲废坠之时，以天子之社稷，而与鼎器共存亡轻重者：武王迁商九鼎于洛，楚子问鼎于周（《左》宣三年），秦兴师临周求九鼎（《战国策》），是也。

此周以前之说也。

自汉至唐，罕见古器，偶得古鼎，或至改元，称神瑞，书之史册。儒臣有能辨之者，世惊为奇。故《说文》序曰"郡国往往于山川得鼎彝，其铭即前代之古文"是也。

今略数之：则有汉元鼎汾阴得宝鼎（《汉书》：元鼎元年夏五月，得鼎汾水上），四年六月得宝鼎后土祠旁（《汉书·武帝纪》。又《郊祀志》），宣帝时美阳得鼎献之，张敞辨之（敞释文曰："王命尸臣，官此栒邑，赐尔旗鸾、黼黻、雕戈。尸臣拜手稽首，曰：敢对扬天子丕显休命。"鼎小有款识，不宜荐于宗庙。元按：此铭乃《汉书》约记张敞之言，非铭全文也），永平六年王雒出宝鼎（《汉书·明帝纪》：永平二年六月，王雒山出宝鼎，庐江太守献之。诏陈鼎于庙），永元元年窦宪上仲山甫鼎（《窦宪传》：和帝永元元年九月，窦宪伐单于，遗宪古鼎，容五斗，其旁铭曰："仲山甫鼎，其万年，子子孙孙永宝用。"元按：汉人习隶，罕识籀文，此铭亦约辞，非全铭之体）。

吴赤乌十二年，宝鼎出临平湖，又出鄱县。

宋元嘉十三年，武昌县章山出神鼎。二十二年，新阳获古鼎，有篆书四十二字。泰始五年，南昌获古鼎，容斛七斗。七年，义阳郡鼎，受一斛。皆献于朝。（并见《符

瑞志》）

唐贞观二十二年，遂州涪水中获古鼎，旁有铭刻。开元十年，获鼎，改河中府之县名宝鼎县。十二年，后土祠获鼎二：大者容四升，小者容一升，色皆青。十三年，万年人获宝鼎五，献之。四鼎皆有铭（铭曰："垂作尊鼎，万寿元疆，子孙宝用。"元按：此铭文亦不全）。二十二年，眉州献宝鼎，重七百斤，有篆书。天宝元年，平凉获古馋鼎，献之。元和二年，诏以湖南所献古鼎，付有司，重一百十二斤。咸平三年，乾州献古铜鼎，状方，四足，上有古文二十一字。（直昭文馆句中正与杜镐详其文曰："维六月初吉，史信父作馕甗，斯万年，子子孙孙永宝用。"以上皆是正史及《会要》。）

此自汉至唐之说也。

北宋以后，高原古冢搜获甚多，始不以古器为神奇祥瑞，而或以玩赏加之。学者考古释文，日益精核，故《考古图》列宋人收藏者，河南文潞公、庐江李伯时等三十余家，士大夫家有其器，人识其文，阅三四千年而道大显矣。（阮元《商周铜器说·下篇》）

右述历代对于古器之宝重，较然可知。至其所以宝重之故，又不仅以其制作之精，器物之古，铭识文字之有裨于经训；盖在当时，有系于家国宗庙之吉凶常变，兴灭存亡也。龚自珍《说宗彝》第其功用，凡十九事，兹复录其说如下：

史佚之裔官曰：彝者，常也。宗者，宗庙也。彝者，百器之总名也。宗彝也者，宗庙之器。然而暨于百器，皆以宗名，何也？事莫始于宗庙，地莫严于宗庙。

然则宗彝者何？古之祭器也。君公有国，大夫有家，造祭器为先。祭器具则为孝，祭器不具为不孝。

宗彝者何？古之养器也。所以羞耆老，受禄祉。养器具则为敬，养器不具为不敬。

宗彝者何？古之享器也。古者宾师亚祭祀，君公大夫享器具则为富，享器不具为不富。

宗彝者何？古之藏器也。国而既世矣，家而既世矣，富贵而既久长矣，于是乎有府库以真重器，所以鸣世守，妙祖祢，矜阀阅也。

宗彝者何？古之陈器也。出之府库，登之房序，无事则藏之，有事则陈之，其义一也。

宗彝者何？古之好器也。享之日，于是有宾，于是有好货。

宗彝者何？古之征器也。征器也者，亦谓之从器。从器也者，以别于居器。

宗彝者何？古之旌器也。君公大夫有功烈，则刻之吉金以矜子孙。

宗彝者何？古之约剂器也。有大讼，则书其辞，与其曲直而刻之，以传信子陈。

宗彝者何？古之分器也。三王之盛，封支庶以土田，必以大器从。

宗彝者何？古之赂器也。三王之衰，割土田以予敌国，必以大器从。

宗彝者何？古之献器也。小事大，卑事尊，则有之。

宗彝者何？古之媵器也。君公以嫁子，以镇抚异姓。

宗彝者何？古之服器也。大者以御，次者以服，小者以佩。

宗彝者何？古之抱器也。国亡，则抱之以奔人之国；身丧，则抱之以奔人之国。

宗彝者何？古之殉器也。襚之外，棺之中；棺之外，椁之中；椁之外，冢之中；于是乎有之。起于中古。

宗彝者何？古之乐器也。八音金为尊，故铭之，衍神人也。

宗彝者何？古之徽器也。或取之象，或刻之铭，以自教戒，以教戒子孙。

宗彝者何？古之瑞命也。有天下者，得古之重器，以为有天下之祥；有土者，得古之重器，以为有土之祥；有爵邑者，得古之重器，以为有爵邑之祥。

凡有下于先史之籍，有此十九说者，皆不可以不识也，不可以不类识也。

古之于器，又有二大端焉，又不可以不辨也。一曰自造器，一曰以古人之器。盖于祭，于养，于享，于约剂，于旌，古者必自造器；于分，于藏，于陈，于好，于献，于赂，则以其古人之器。

自夏后氏以降，莫不尊器者，莫不关器者，其吉凶常变，兴灭存亡之际，未有不关器者。是以君子乐论之焉。

按龚氏所举之十九事，曰祭，曰养，曰享，曰藏，曰陈，曰好，曰征，曰服，曰殉，曰乐，为彝器之本用，皆阮氏所未及也。曰旌（有为自矜之铭），曰约剂（有铸政令于鼎彝），曰分（有立国以鼎彝为分器），曰赂（有以小事大而赂以重器），曰献（有以大伐小而取为重器），曰媵（有诸侯大夫朝享而赐以重器），曰抱（有王纲废坠之时，以天子之社稷，而与鼎器共存亡轻重），曰傲（有为述德徽身之铭），曰瑞命（自汉至唐，偶得古鼎，或至改元，称神瑞），皆阮氏所尝言之。观二氏之说，可以知历代宝重之所由矣。

第二节 古器之品类及著录之数量

王国维《宋代金文著录表》著录之数——王国维《国朝金文著录表》及鲍鼎《国朝金文著录表补遗》及《王氏原本夺漏诸器表》著录之数——鲍鼎《元明金文表》著录之数

所谓古器,以铜为主。自夏后氏发现铜矿,应用冶术,铸鼎象物;逮殷及周,百器制作,遂臻极盛。秦、汉以后,此风渐衰,而世亦不以为重。今以见于前人著录者言之,约可别为乐器、礼器、兵器、度量衡器及杂器五大类,而以礼乐之器为大宗。他如钱币、玺印、镜鉴等物,后世续出尤多,又非以上五类所可赅括,则皆附庸蔚为大国者也。兹据王、鲍诸表,记其关于前五类之名称数量于下:

一、王国维《宋代金文著录表》著录之数(并秦、汉以后及伪器在内):

钟 四十有四(伪六)

铎 一

鼎 百三十有七（疑伪四，汉以后器十一。）

鬲 二十有八

甗 十有七

敦 五十有八（疑伪二）

簠 八

簋 八（伪一）

盦 一

豆 三

盉 九

尊、壶、罍 四十有一（尊三十四，壶四，罍二，举一。）

彝 四十有四（伪二）

舟 一

卣 五十有五（伪二）

爵 六十（伪一）

觚 二十

觯 十有二

角 二

斝 四

卮 一（汉器）

不知器名 六（举五，饮一。按前列尊壶罍中，已有举一；此附于不知器名，未识何故。）

盘、盂、洗 二十有一（盘十三，盂一，洗七。其中伪一，汉以后器九。）

匜 二十（汉以后器一）

镫、锭、烛盘、熏炉 十有五（镫十，锭一，烛盘一，熏炉三，皆汉以后器。）

度、量、权、律管 十有五（秦度量铭一，秦权二，铜甬一，铁量一，铜钟二，壶二，钫一，甗镇一，釜二，律管一，晋尺一。皆秦汉以后器。）

兵器 六（戈四，刀一，弩机一。其中汉以后器二。）

杂器 六（虎符一，漏壶一，甑一，销一，铜钲一，汉不知名器一。皆汉以后器。）

上表都六百四十有三器；除疑伪器十九，秦、汉以后器六十，三代器实得五百六十有四。

二、王国维《国朝金文著录表》及鲍鼎《国朝金文著录表补遗》《王氏原本夺漏诸器表》著录之数：

名目	《王氏著录表》			《鲍氏补遗》	《王氏原本夺漏》		三表合计
	宋拓本	疑伪	真	总计	总计（未别真伪）	总计（未别真伪）	
钟	五	九	九〇	一〇四	八六	三	一九三
鼎	二〇	四〇	四四六	五一六	三二七	一一	八五四
甗	一		四一	四二	三七	七九	
鬲	三	八	九九	一一〇	七二		一八二
彝		一九	二四一	二六〇	一四三	二	四〇五
敦	三	一三	四二二	四三八	二〇八	一二	六五八
簠	三		六七	七〇	三六		一〇八
簋	一	四	五二	五七	二七	一	八〇
罍		一	一二	一三	一五		二八
壶		五	七二	七七	五九	四	一四〇
卣	六	八	二四二	二六六	一三六	九	四一一
尊		一	二七	二八	一二		五一
盉		一	三三	三四	三九	一	七四
觚		七	一一九	一二六	九〇	二	二一八
斛		七	一四一	一四八	一三三	五	二八六

续表

名目	宋拓本	《王氏著录表》疑伪	《王氏著录表》真	《鲍氏补遗》总计	《王氏原本夺讹》总计（未别真伪）	《王氏原本夺讹》总计（未别真伪）	三表合计
爵	五	五	四五二	四六二	二四五	二〇	七二七
角			三三一	三三一	一六		四八
杂酒器①	五		五	一〇	五		一五
盉		二	五五三	五七	三一		八八
匜			六一	六一	三三		九四
杂器②		一	七四	七五	九七	五	一七七
兵器③		四六	二二〇	二六六	二七四	一二	五五二
列国杂器④			一二	一二	一四		二六
兵符权量（秦）⑤		二	八四	八六	五二		一三八
鼎（汉）		四	九四	九八	四二		一四一
壶（汉）		四	三六	四〇	一〇	一	五一
镫锭烛檠（汉）		四	四八	五二	三五	一	八七
权度量⑥（汉、晋至唐附）	一	九	五九	六九	（隋附）三一		一〇〇

续表

名目	《王氏著录表》			《鲍氏朴遗》	《王氏原本夺漏》		三表合计
	宋拓本	疑伪	真	总计	总计（未别真伪）	总计（未别真伪）	
钩（汉）	四九	七	六〇	六七	七一	一	一三九
杂器①（汉、魏晋至宋附）		一七	一二五	一四二	九九	四	二四五
兵器⑧（汉、蜀魏附）		四	四四	四八	（魏晋附）四八		九六
符（汉、晋至宋金附）		四	八九	九三	（晋至唐附）七		一一〇
银锭钞板⑨（汉、唐至金附）					一		一
地券（汉）⑩					七		七
合计	四九	一三九	四一〇四	⑪四二九二	⑫二七五四	九七	七一四三

注：①王表所谓"杂酒器"，凡有甒、觥、卮、饮、举等名。鲍表仅有觥一种。

②王表所谓"杂器"，凡有钟钩、句鑃、钲铁、铎、豆、㲋、盦、匕、盏盖、盂、盆、盈、丰、鐎、钍、罐盖、霝、锾、盌、釜、锜、鉴、庐、监、金铺、车軎、车键、马衔、节、权、勺、符钩及小铜器等。鲍表除已见于王表外，又有钺、铃、錞于、盆、盌、会、鞴、鍑、舟、登、车饰、车銮、符、小量、小器（亦量器）剂、印钩、铜刀、印子金、银饼及署小器等。

③王表所谓"兵器"，凡有戈、戟、句兵、瞿、矛、剑、刺、匕首、剑格、刀、削、斧、矢镞、矢栝、弩机、戣、枪、距末、刀玐、鏊等。鲍表除已见于王表外，又有钺、戚、弩牙、刀鐅、古兵、甲饰等。

④王表所谓"列国杂器"，凡有鼎、锁、盉、柸、壶、钟、兵符、铜环等。并自注云："陶斋著录诸器，均作秦；然大率晚周列国物。间有西汉器，姑附此。"鲍表除已见于王表外，又有缾、镵、印钩、弩等。

⑤王表所谓"秦兵符权量"，凡有符、权、量、诏版、秦斤等。鲍表略同。

⑥王表所谓"汉权度量"，凡有权、累、尺、斛、勺、合、钟、钫、升等。（晋至唐附）鲍表除已见于王表外，又有衡、斗等。（隋附）

⑦王表所谓"汉杂器"，凡有钟、钲、錞于、鬲、鍑、甗、匜、幛、铜扁、钚镂、盉、卤、锅、酒儋、盆、铫、鏊、金刀、铜器柄、盘、奁盖、熏炉、熨斗、渠斗、镰斗、梧、博局、车饰、农器、铜犁、铎、铃、铃范、杖首、银块、铜器、香炉、帐构铜、澡盘、镫、釜、铙、铜鼓、簋、豆、尊、壶、椎等。（魏、晋至宋附）鲍表除已见于王表外，又有缶、盦、盌、书刀、漏、刀圭、甲环、烙马印、铜牌、洗、铅牌、铅人、铅守宫、铜磬、铜板、铜筒、铁券、银简、文字范、刻漏铭、爵、铁桶等。（魏、晋至宋附）

⑧王表所谓"汉兵器"，凡有戟、刀、剑格、弩机等。（蜀、魏附）鲍表略同。

⑨⑩"银锭钞饭"及"地券"，王表未列，鲍氏所增。其略例曰："原表不收古玺印、钱币、镜范、钱铭、造像等，谓当各为专书；此表一仍其例，不敢改易。其有表中未列之物，如铅券、银锭等，出土不多，未能专为一书，依《集古遗文》例附录于后。"

⑪按王氏原表统计作四千二百九十有五。

⑫按鲍氏原表统计作二千七百有四。两表计数小误。

按上三表合计都七千一百四十有三器，而三代器实占五千八百有四，列国先秦器一百六十有四，汉以后器一千一百七十有六。于此可以见历代铜器制作之盛衰焉。

三、鲍鼎《元明金文表》（附《国朝表补遗》后）著录之数：按鲍氏略例曰："汉以后器，原表采至宋、金而止，元、明诸器，皆同土苴；兹推广之，增《元明金文表》附录于后。惟佛寺之钟及香炉等，不胜采录，概未列入。"

礼器（乐器附） 十有二（凡钟一，磬一，簠二，尊一，爵四，铏一，祭器二。）

制器 九十有一（凡权七十有九，尺一，银锭二，钞板七，铁券一，鱼符一。）

杂器 十有二（凡铜漏二，壶一，盂一，洗三，碗一，铜书瑞一，香炉一，铁瓦题记一，铜香盒盖一。）

兵器 八（凡刀一，铳一，火药匙六。）

凡元明器一百二十有三。则其器皆无关重要，不必以其时代而薄之也。又若并宋代著录及前表与此而合计之，则得七千九百有九器。

第三节　铭刻之变迁及记时之义例

铭刻之始——经传所载古器之铭——铭之意义——铭刻之变迁——记时之义例

古以吉金铸器而铭以文字，相传亦始于黄帝。《汉书·艺文志》道家类有《黄帝铭》六篇，其书不传。《事祖广记》引蔡邕曰："黄帝有金几之铭。"又王嘉《拾遗记》曰："黄帝以神金铸器，皆有铭题，凡所造建，皆记其年时。"此铭之起也。惟夏禹铸鼎，未闻刻铭。殷周之器，今所传者，十九有铭，其至简者，或仅勒其名，或但有图记。其长篇文字，则大抵以矜功述德为多，在铭文为后起。龚自珍曰："商器文，但象形指事而已。周器文，乃备六书，乃有属辞。"（《商周彝器文录》序）其言是也。然古器之重如此，之多如此，而铭文之见于经传者，则至为寥寥，且又未必全录，或更不免误读；今日之得见者，非赖宋人之摹本，即恃器物之出土，是诚吉金文字之不幸也。兹以见于经传所引，亟录于后：

《左传》僖二十五年，礼至杀国子，为铭曰：余掖杀国子，莫余敢止。

又昭三年，叔向对晏子引谗鼎之铭曰：昧旦丕显，后世犹怠。

又昭七年，孟僖子引正考父之鼎铭曰：一命而偻，再命而伛，三命而俯。循墙而走，亦莫余敢侮。饘于是，鬻于是，以糊余口。

西周虢叔旅钟全形拓及铭文

周王孙钟铭　　　　周楚公钟铭

《国语·晋语》引商衰之铭曰：嗛嗛之德，不足就也；不可以矜，而只取忧也。嗛嗛之食，不足狃也；不能为膏，而只离咎也。（或云"商鼎铭"）

《周礼·考工记》栗氏为量，引嘉量铭曰：时文思索，允臻其极。嘉量既成，以观四国。永启厥后，兹器惟则。

《礼记·祭统篇》引孔悝之鼎铭曰：六月丁亥，公假于大庙。公曰：叔舅，乃祖庄公，左右成公。成公乃命庄叔，随难于汉阳，即宫于宗周，奔走无射，启右献公。献公乃命成叔，纂乃祖服，乃告文叔，兴旧耆欲，作率庆士，躬恤卫国，其勤公家，夙夜不解，民咸曰休哉！公曰：叔舅，予女铭，若纂乃考服。悝拜稽首曰：对扬以辟之，勤大命施于烝彝鼎。

周毛公鼎铭文

又《大学篇》引汤之盘铭曰：苟日新，日日新，又日新。（按此，今人郭沫若考定为前人之误读，其原词当为"兄日辛，祖日辛"。详见《金文丛考》。）

此外《左传》所载钟鼎之属，不可胜计，皆无文字。《汉书·郊祀志》所载美阳之鼎，《后汉书·窦宪传》所载仲山甫鼎，其铭亦皆非全文。其后史书多载宝鼎之出，然铭多不传。北宋以后，始见之著录而集其成。至于铭之意义，极为重大，非可假借。如《左传》襄十九年，"季武子以所得于齐之兵作林钟，而铭鲁功；臧武仲谓季孙曰：非礼也。夫铭，天子令德，诸侯言时计功，大夫称伐。今称伐，则下等也；计功，则借人也；言时，则妨民多矣。何以为铭！且夫大伐小，取其所得，以作彝器，铭其功烈，以示子孙，昭明德而惩无礼也。今将借人之力以救其死，若之何铭之！小国幸于大国，而昭所获焉以怒之，亡之道也。"又《礼记·祭统》论作铭之义曰：

夫鼎有铭。铭者，自名也。自名以称扬其先祖之美，而明著之后世者也。为先祖者，莫不有美焉，莫不有恶焉。铭之义，称美而不称恶。此孝子孝孙之心也，惟贤者能之。

铭者，论撰其先祖之有德善、功烈、勋劳、庆赏、声名列于天下，而酌之祭器，自成其名焉，以祀其先祖者也。

显扬先祖，所以崇孝也；身比焉，顺也；明示后世，教也。

夫铭者，壹称而上下皆得焉耳矣。是故君子之观于铭也，既美其所称，又美其所为。为之者，明足以见之，仁足以与之，知足以利之，可谓贤矣。贤而勿伐，可谓恭矣。……

古之君子，论撰其先祖之美，而明著之后世者也。以比其身，以重其国家。如此，子孙之守宗庙社稷者，其先祖无美而称之，是诬也。有善而弗知，不明也。知而弗传，不仁也。此三者，君子之所耻也。

观此，可知"铭"之意义，重大如是。故郑沅《吉金余录》曰："古器之所以可贵者，大抵诸侯世卿有大勋于王室，其子孙复能守其业以祀其先。而为之铭者，又皆出于一时之贤人君子，非才艺优美，不敢与于其选"也。然此惟宗周则然。自是厥后，寖失其意，或以为文饰之具，或但刻工匠之名，而驯至于废灭。郭沫若著《周代彝器进化观》，因分古代彝器之铭文为四阶段：其第一阶段为铭文之初生，"仅在自名，自勒其私人之名或图记，以示其所有。"今所传商器文是也。其次依文化之递进，即至于"此阶段之彝器，与竹帛同，直古人之书史矣"之程度。此以西周之器为其最显著之遗品。惟春秋中叶以降，即变而为第三

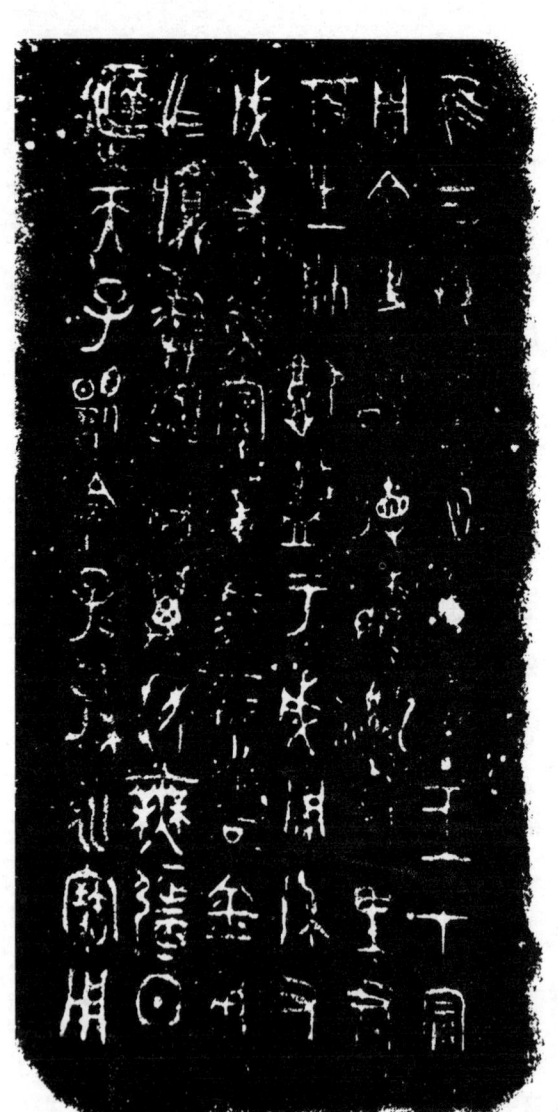

周史颂鼎铭

阶段，"书史性质，变而为文饰"。及第四阶段，"复返于粗略之自名，或委之于工匠之手，而为"物勒工名"。则汉以后器，大抵然也。

按古器时代之鉴定，虽方法甚多，而以根据铭文为最确。汉以后器，其有记时者，大抵明示帝王年号，无庸考证。惟周器则不然，虽具年月，而不知其为何王何代；更须观其所记朔望干支，而后可以推算，故其记时之例，首宜详考。而考证此例之最精者，厥惟王静安先生之《生霸死霸考》。其后郭沫若著《两周金文辞大系》，其所鉴定，共二百五十余器。吴其昌著《金文历朔疏证》及《续补》，及《金文疑年表》，考定亦数十器，且修正郭氏者甚多。其说皆自王氏发之，兹节录其说如下：

余览古器物铭，而得古之所以名日者凡四：曰初吉，曰既生霸，曰既望，曰既死霸。因悟古者盖分一月之日为四分：一曰初吉，谓自一日至七八日也；二曰既生霸，谓自八九日以降至十四五日也；三曰既望，谓自十五六日以后至二十二三日也；四曰既死霸，谓自二十三日以后至于晦也。

八九日以降，月虽未满，而未盛之明，则生已久矣。二十三日以降，月虽未晦，然始生之明，固已死矣。盖

周盂鼎铭

月受日光之处，虽同此一面；然自地观之，则二十三日以后月无光之处，正八日以前月有光之处；此即后世上弦下弦之由分。以始生之明既死，故谓之既死霸。此生霸死霸之确解，亦即古代一月四分之术也。

若更欲明定其日，于是有哉生魄、《书·康诰》及《顾命》。旁生霸、《汉书·律历志》引《古文尚书·武成》《逸周书·世俘解》，均作既旁生霸，既字疑衍。旁死霸、《古文尚书·武成》及《周书·世俘解》。诸名。哉生魄之为二日或三日，自汉已有定说。旁者，

周丁卯敦铭

周郘遣敦铭

周伯鱼敦盖铭

溥也,义进于既。以《古文武成》考之,如既生霸为八日,

则旁生霸为十日;既死霸为二十三日,则旁死霸为二十五日。事与义会,此其证矣。

凡初吉、既生霸、既望、既死霸,各有七日或八日;哉生魄、

商方卣盖铭

旁生霸、旁死霸，各有五日或六日；而第一日亦得专其名。书器于上诸名，有作公名用者，如：

《顾命》："惟四月哉生魄，王不怿；甲子，王乃洮颒水。"

哉生魄不日，至甲子乃日者，明甲子乃哉生魄中之一日；而王之不怿，固前乎甲子也。

静敦云："惟六月初吉，王在葬京；丁卯，王命静司射。"

宄彝云："惟六月初吉，王在郑；丁亥，王格太室。"

邢敦云："惟二年正月初吉，王在周邵宫；丁亥，王格于宣榭。"

初吉皆不日；至丁卯、丁亥乃日者，明丁卯、丁亥皆初吉中之一日。至王之在葬，在郑，在周邵宫，固前乎丁卯丁亥也。更证之他器，即——

虢季子白盘云："惟王十有二年正月初吉，丁亥。"案宣王十二年正月己酉，朔；丁亥，乃月三日。

吴尊盖首云："惟二月初吉丁亥。"末云："惟王二祀。"案宣王二年二月癸未，朔；则丁亥，乃月四日。

周散氏盘全拓及铭文

周散氏盘全拓及铭文

师兑敦云:"惟三年二月初吉,丁亥。"案幽王三年二月庚辰,朔;乃月之八日。

是一日至八日,均可谓之初吉也。

师虎敦云:"惟元年六月既望,甲戌。"案宣王元年六月丁巳,朔;十八日得甲戌,是十八日可谓之既望也。

兮伯吉父盘亦称兮田盘。云:"唯五年三月既死霸,庚寅。"此器有伯吉父之名,有伐玁狁之事,当即《诗·六月》之"文武吉甫"所作,必宣王时器。而宣王五年三月己丑,朔;二十六日得庚寅。

又如颂鼎、颂敦、颂壶诸器,皆云:"惟三年五月既死霸,甲戌。"此诸器自其文字辞命观之,皆历、宣以降之器。而宣王三年六月乙亥,朔;三十日得甲戌。

是二十六日、三十日,皆得谓之既死霸也。

此用为公名者也。其用为专名者,如:

《古文武成》云:"惟一月壬辰,旁死霸,若翌日癸巳。"又云:"粤若来二月既死霸,粤五日甲子。"又云:"惟四月既旁生霸,粤五日庚戌。"

《召诰》云:"惟二月既望,越六日乙未。"

周宗妇盘铭

此皆以旁死霸、既死霸、既旁生霸、既望等,专属第一日,然皆不曰,惟《武成》之旁死霸独曰。顾不云"旁死霸壬辰",而云"惟一月壬辰旁死霸"者,亦谓旁死霸自壬辰始,而非壬辰所得而专有也。

故欲精纪其日,则先纪诸名之第一日,而又云粤几日

周吴季子逞剑铭

秦始皇诏版

某某以定之,如《武成》《召诰》是也。否则但举初吉、既生霸诸名,以使人得知是日在是月之第几分,如《顾命》及诸古器铭是也。(本篇节略甚多,如欲读王氏原文,可检《观堂集林》。)

第二章 殷周诸器

第一节 绪言

论殷周诸器之区别实无显著之界限

三代之器,最远为殷。惟前以殷器发现尚少,佐证不多,故宋人以器铭有干支人名者,即定为殷物,清人复疑其实不尽然。而近时若干研究中国古代社会史之学者,言殷为石器时代之末期,证以最近在河南安阳殷虚发掘所得之遗物,其说亦谬。殷虚出土之物,以兵器为最多,此外则为饮食起居之用器,凡今所定为周器者,殷亦无不有之。胡厚宣先生所著之《殷虚出土展品参观记》记殷人饮食之铜器,凡分多组,每组同在一处出土,自成一套。饮器共二组:一组十器,爵二,觚一,觯二,角一,斝二,卣一,彝一;一组亦十器,爵四,觚三,觯一,卣一,尊一。食器共二组:一组二器,鼎一,殷一;一组二十器,中柱旋龙盂形器二,盂一,壶三,铲三,箸三双六支,漏勺一,圆片形器一,及其他盂形陶器二,骨椎一。饮食器一组三器，爵一，觚一，鼎一。饮食烹饪器共三组：一组七器，爵一，觚一，斝一，罍一，鼎一，甗一，簋一；一组十三器，爵二，觚二，斝一，罍一，簋一，鼎一，盘一，戈四；一组大方鼎二。厨中烹饪用器一组三器，带柄无耳鼎形铜器二，大圆鼎一。此外零星不能成组之器，尚有多种。又有起居用具，有盥洗器一组十器，一盂，一勺，一壶，一盘，一人面具及五陶器。兵器则弓、矢、戈、矛、戚、戉、斧、斤、刀、兵车、铜盔，无不有之，且数量为独多。乐器则有磬、铙、埙、鼓四种。惟皆不限于铜制，兼有石、陶、骨制成者。然综观殷代铜器之丰富，气魄之伟大，配置之复杂，制作之精美，花纹之细密，皆非周以后之所及，岂得尚称殷为石器时代之末期？

又除近代有组织发掘所得外，尚有若干批，亦可定为殷物：一为安阳古物保存会之铜器，大小约百余件，皆安阳历次盗掘，经官方发现后而没收者。二为黄濬《邺中片羽》所著录之铜器，重要者不下数十件，皆安阳历次盗掘，由古董商人展转售出者。三为由古董商人展转售至国内各地而散见于诸家著录者，如罗振玉之《贞松堂集古遗文》，容庚之《颂斋吉金图录》，商承祚之《十二家吉金图录》，于省吾之《双剑誃吉金图录》，刘体智之《小校经阁金文拓本》，以及柯昌济之《金文分域编》等书，其中凡注明为安阳出土之三代铜器，皆殷物也。四为古董商人展转售至国外，而散见于诸家著录者。如容庚之《海外吉金图录》，专收流传日本之中国古铜器；日本梅原末治之《中国古铜菁华》，专收流传欧美之中国古铜器；其中皆收录安阳出土之遗物甚多。此外两书所未收，而散见于其他欧美、日本诸家著录者，亦颇不少。五为古代盗掘之殷铜器，见于著录，而注明其出土地方与情形者。如《考古图》等书，每注有出自邺郡亶甲城者，即殷物也。六为已著录之铜器，不详其出土之地，但由已知之殷器与之相比，而知其确为殷代之产品者。如将以上所举集合而统计之，其数定有可观。我人于此，自不能不认殷已为铜器极盛之时期；而妄称其尚为石器时代之末期，实为谬误之见也。

周器与殷，实无显著界限。大体言之，今所传三代之器，除确知其出土之地，及足以两两比照，而得以确定其为殷器外，皆周器也。其品类名称，皆与殷同，容详于后。花纹亦大致相同，不外乎旋文、云文、雷文、蝉文、凤文、饕餮文、夔龙文、蟠螭文、鱼鳞文、连珠文、蟠虺文、蛟螭文、蟠夔文、百乳文、垂花文及圜花等。此外耳与足部，往往作象首、牺首或各种怪兽首，而足亦有曲作兽蹄状者。

此皆普通文饰也。其特别者，亦恒有之。例如全器作两怪兽蹄（四蹄），依盖部观之则为兽；依腹部观之则为鸟；依足部观之，其状为兽，其数为鸟。（如系兽，则两兽应为八足，而此则四足，然形式确为兽蹄。）李泰棻氏称彼藏一🔒卣，即此形也。又有足作垂花饰者，仅《博古图》著录之周花足鼎，状系如此，他书未见。又河南新郑出土之莲鹤方壶，亦至特别。其壶虽精，尚不足怪，最奇者为其盖，盖周骈列莲瓣二层，莲瓣中央，复立一清超俊逸之白鹤，翔其双翅，竖其一足，此器已定为春秋时之作品，其制造形式，乃三代器之仅见者。（原形照片，见郭沫若《殷周青铜器铭文研究》下册。）又安阳出土有一盂形铜器，中有一柱，顶端作莲花形，旁有四龙拱之，两龙锐角，两龙钝角，可以中柱为轴而旋转，其制作灵巧，花文细密，在铜器中极为罕见。又有一提梁卣，共分三层，上层为一盖，以练系于梁间，下层即卣之本体，中层搁上时即为盖，取下之则为一饮器之觚，提梁之两端，皆有一生动之兔形兽头。是皆特别文饰也。

第二节　礼器（常用器附）

凡传世古礼器之名，皆宋人所定也。曰钟，曰鼎，曰鬲，曰甗，曰敦，曰簠，曰簋，曰豆，曰尊，曰壶，曰盉，曰匜，曰盘，曰盂，曰盦，皆古器自载其名，而宋人因以名之者也。曰爵，曰觚，曰觯，曰角，曰斝，曰卣，曰罍，古器铭辞中，均无明文，宋人但以其大小之差定之，然至今日仍无以易其说。曰钘，曰盏，曰甑，则清阮氏所定，而其器亦自载其名者也。曰觥，亦阮氏所定，而铭辞中并无明文，实为误认者也。至于斝、散实为一器，散即斝之讹字；盉之绝非调味之器，而实为和水于酒之器；及匜、觥二名之混，尊、彝之为共名，自宋以来，咸未措意，至王静安先生始考定之，兹分别述之于下，其前人所定名而无可非议者，略举之，有名实不符，而急须更定者，节录王氏之说于篇。

钟

钟（鐘），乐器，经典皆作"鐘"。《说文》称古者垂作钟（鐘）。垂盖虞舜之臣，见《尚书》。宋人所著录者，莫古于商，然但有铭文，未见其器；其传世者，实惟周钟。其制：上径小，下径大，纵径小，横径大。有柄无钮，柄谓之甬。甬顶曰衡，甬旁有镮曰旋。附于甬以衔镮者曰干，干刻饰之为蹲熊盘龙之属，故亦谓之虫。钟口两角曰铣。

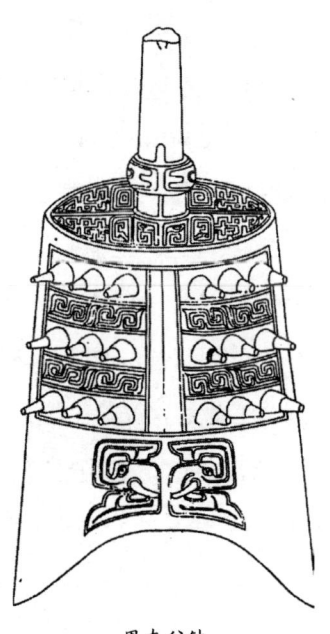

周太公钟

钟唇曰于，于上曰鼓，鼓上曰钲，钟顶曰舞。允于钲鼓之间刻饰者，为钟带，亦谓之篆。篆间累累隆者为枚，亦谓之钟乳。其受击处曰隧。《周礼》凫氏之制如此。今传世古镈钟、编钟并同，但有大小之别，后世惟镈钟犹沿此制。大钟、编钟皆有钮无甬，编钟外形椭圆，大钟上弇下侈，钟口皆齐平而正圆。

鼎

昔夏禹收九牧之金，铸鼎象物，以为重器，《国策》称"昔周之伐殷，得九鼎，凡一鼎而九万人挽之，九九八十一万人"，虽未足为信，然其为庞然巨制可知。又《史记》称项羽力能扛鼎，汉高烹食其于鼎，皆非《周礼》"王日一举鼎"及"陈其鼎俎"之鼎。《周礼》所云，乃古之食器也；其用于宗庙祀祠，则为祭器。其制：三足两耳，高不过尺许，重不过十余斤，多为圆形；亦有四足方形者，如《博古图》载周文王鼎是。盖古食器之重莫如鼎；其范形取象，《博古图》详言之（其说多迂怪不通）；有国者以为重器，阮元《商周铜器说》详言之（见上），此概不赘云。

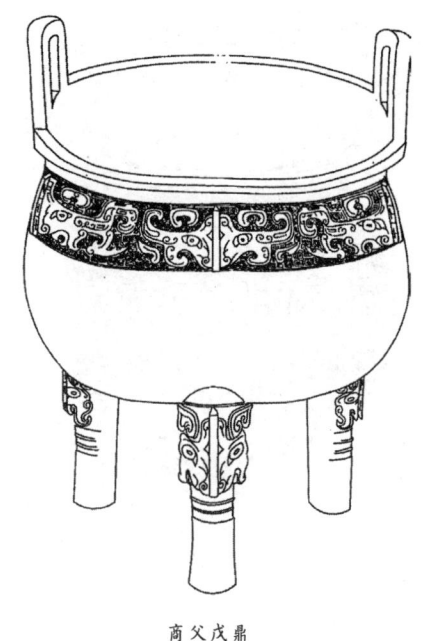

商父戊鼎

鬲

鬲，鼎属。《尔雅》："鼎绝大谓之鼐，圜弇上谓之鼒，附耳外谓之釴，款足者谓之鬲。"《索隐》曰："款，空也。"《博古图》言其用与鼎同。祀天地鬼神、礼宾客必以鼎，常饪则以鬲。其制：自腹所容通于足，取爨火易达，故常饪用之。又考《周礼》，鬲为陶人所司；然与鼎同用，则不专为陶器。

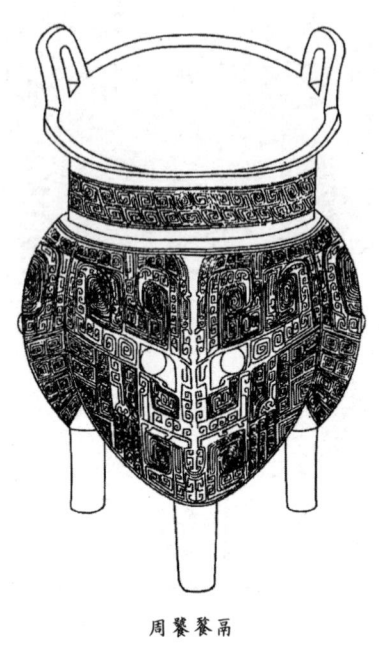

周饕餮鬲

甗

甗，甑也。《博古图》云：《周礼》"陶人为甗"，而此悉以铜为之。案《方言》：关以东谓之甗，至梁乃谓之䰝。䰝从金，则甗未必为陶器。又考郑注，以甗为无底甑。宋人以文从献从瓦，言鬲献其气，甗能受焉。盖甑无底者，所以言其上；鬲献气者，所以言其下也。质言之，上若甑，可以饪物；下若鬲，可以饮物；盖兼二器之用也，又按铜

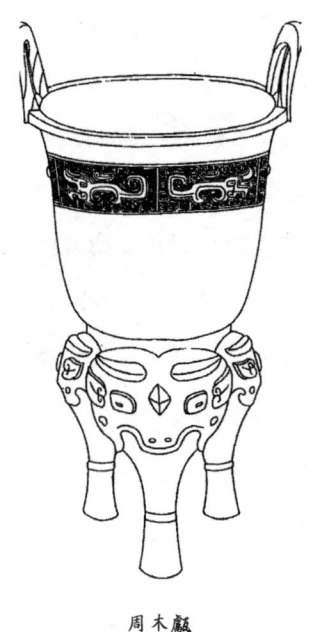

周木甗

器本自陶器进化而来,《周礼》言鬲为陶人所司,又曰陶人为甗,皆其明征,周代陶废而铜行,其字犹从瓦者,不忘本也。

敦与彝

敦,盛黍稷器也。案《礼记·明堂位》:"有虞氏之两敦。"郑注云:"制之异同未闻。"《周礼·玉府》:"若合诸侯,则共珠盘玉敦。"《仪礼·少牢礼》："主妇执一金敦黍。"其见于三礼者如此,是知敦制原无一定。《博古图》所云"制作不同,形器不同"者是也。或饰以玉,可盛牲血,为尸盟者所执,即《周礼》所谓珠盘玉敦是也。

又有一事须辨正者,则自《博古图》以来之所谓彝,实皆敦也。王静安先生《说彝》之言曰:

> 尊彝,皆礼器之总名也。古人作器,皆云作宝尊彝,或云作宝尊,或云作宝彝。然尊有大共名之尊(礼器全部),有小共名之尊(壶、卣、罍等总称),又有专名之尊(盛酒器之侈口者);彝则为共名而非专名。吕与叔《考古图》虽列彝目,其中诸器,有无足方鼎,有甗,有尊,有卣,有《博古图》以降所谓彝,则吕氏亦未尝以彝为一专名也。

《博古图》始以似敦而小者为彝,谓为古代盛明水及郁鬯之器,即以《周礼》司尊彝之六彝当之。嗣后金文家及图录家均从其说,曩窃疑诸家所谓彝之形制,与尊、壶、卣等绝不类,当为盛黍稷之器,而非盛酒之器,苦不得其证。后见潍县陈氏所藏《陈侯彝》铭曰:"用作孝武桓公祭器镡(即敦字异文)。"浭阳端氏所藏《玥彝》(《陶斋吉金录》作□彝),其铭曰:"玥作厥敦两,其万年用,乡宾。"

上虞罗氏所藏一彝，其铭曰："白作宝敦。"其器，皆世之所谓彝，而其铭皆作敦，可知凡彝皆敦也。第世所谓彝，以商器为多，而敦则大半周器。盖商敦恒小，周敦恒大，世以其大小不同，加以异名耳。（下略）

据此，则彝实为礼器之共名，而《博古图》以来之所谓彝，实皆敦也，应无疑义矣。

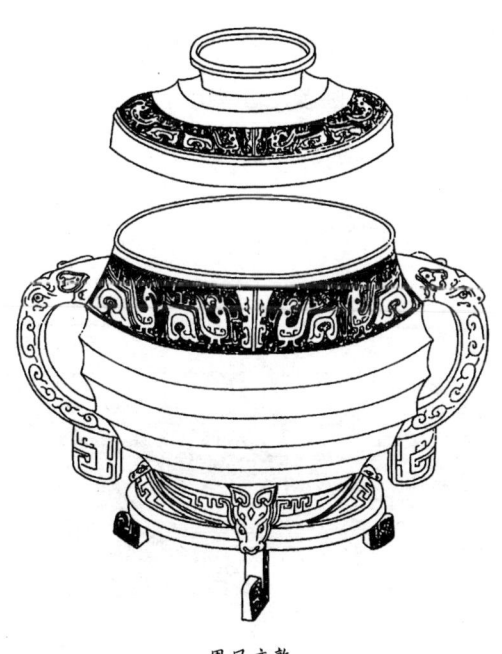

周凤文敦

簠

簠，盛稻粱器也。《仪礼·公食大夫礼》郑注："进稻粱者以簠。"其器无盖有耳。旧礼家以为刻木为之；然按其器铭文字，作匡，作匩，作铺，殆由陶而进于铜，故《博古图》以为出于冶铸，证以当时所见，如周叔邦簠之类，铭载粲然，非刻木者所能仿佛。其制，先儒旧说有方圆之不同。毛郑皆言簋圆簠方，《说文》则言簠方簋圆，《释文》及《御览》所引旧《礼图》，则谓内方外圆曰簋，内圆外方曰簠。今见于诸家图录者甚多，形制不一，大抵簋多圆而有方者，簠多方而有圆者，自以毛、郑之说为是，非有内外之别也。

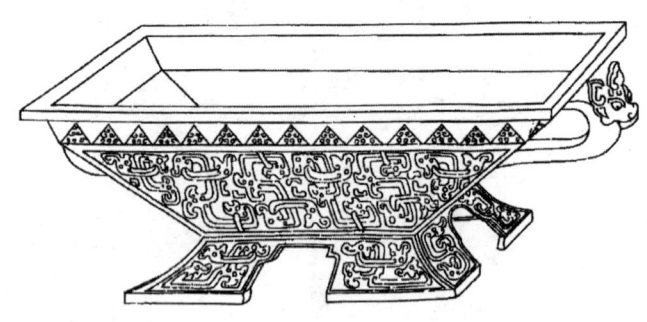

周蟠虺簠

簠

簠之别有三：一以木为之，其形圆，盛黍稷之器；一以竹为之，其形方，《仪礼》所谓竹簠方，盛枣栗之属者也；一以铜为之，其形或方或圆，古盛肴馔之器，如言二簠、四簠、八簠是也。而其始亦以陶为之，故《周礼》曰"旅人为簠"，其明征也。今所传古彝器，则皆以铜为之，圆形者为多。其铭文作，无从竹者。

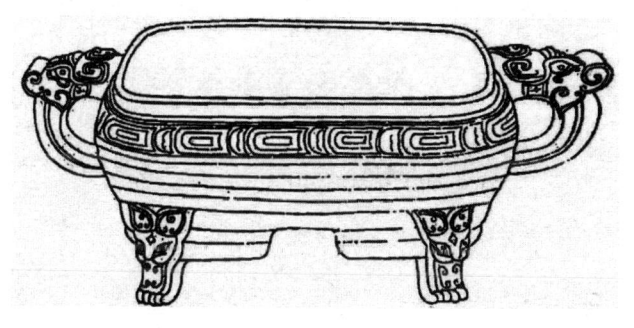

周鉴簠

豆

豆，古食肉器也，从口，象形，见《说文》。《尔雅》："木豆谓之豆。"然《明堂位》有楬豆、玉豆、献豆；《考工记》旅人瓦豆，则知豆不专以木。《博古图》载铜豆三器，

周星纹豆

以证昔人于彝器未始不用铜。而礼家仍泥木为豆,其亦未尝目睹而沿袭旧说耳。

尊

尊之义有三:有大共名之尊,指礼器之全部;有小共名之尊,为壶、卣、罍等之总称;又有专名之尊,即盛酒器之侈口者。《周礼·春官》司尊彝掌六尊:曰献尊、象尊、

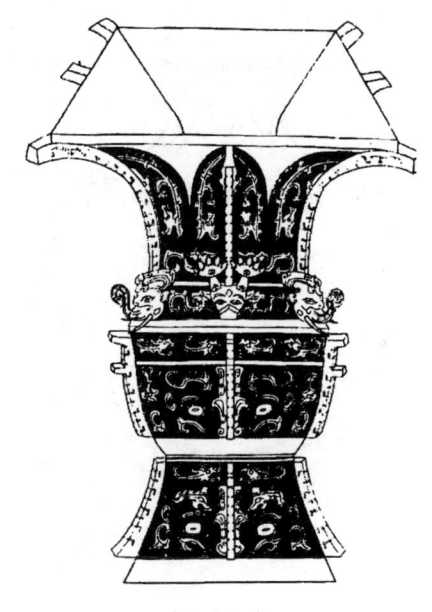

周诸姬尊

著尊、壶尊、大尊、山尊。《礼记·明堂位》曰:"秦,有虞氏之尊也;山罍,夏后氏之尊也;著,殷尊也;牺、象,周尊也。"按献即牺,大即泰,山尊为罍,壶尊为壶。今见于前人之图录者,则为通常之尊耳。

壶 卣 罍

壶、卣、罍,亦盛酒之器,尊之属也。壶字,古器铭

周兽环匜壶

文作😊，上为盖，中为耳，下为底，盖象形也。

卣，以盛郁鬯之酒，注于灌尊，以灌地降神者也。《书·文侯之命》："用赉尔秬鬯一卣。"又《尔雅疏》引孙炎云："尊彝为上，罍为下，卣居中。"郭云："不大不小者，是在尊罍之间。"今观其器，上有提梁，微别于壶罍。

罍，《说文》字从木，曰龟目酒尊，刻木作云雷象，象施不穷也。或从缶。段注曰："盖始以木，后以陶。"然《诗》"我姑酌彼金罍"，则亦铜器也。

周伯和卣

周栖首罍

盉

盉,和水于酒之器也。昔人以为调味之器,实乃大误。其详见王静安先生《说盉》,兹录其说云:

盉见于宋人书中为最早,欧阳公《集古录》已著录一器,其铭曰:"伯玉穀子作宝盉。"然古未尝知有是器,亦未尝有是名也。《说文》:"盉,调味也。"不云器名。自宋以后知其为器名,然皆依傍许氏之说,以为调味之器也。

余观㴉阳端氏所藏殷时斯禁(按斯禁,禁之切地无足者。见《仪礼·乡饮酒礼注》),上列诸酒器,有尊二,卣二,皆盛酒之器,古之所谓尊也。有爵一,觚一,斛一,角一,斝一,皆饮酒之器,古之所谓爵也。有勺二,则自尊挹酒于爵者也。诸酒器外,惟有一盉,不杂他器。使盉为调味之器,则宜与鼎鬲同列;今厕于酒器中,是何说也!

余谓盉者,盖和水于酒之器,所以节酒之厚薄者也。古之设尊也,必有玄酒,故用两壶。其无玄酒,而但用酒若醴者,谓之侧尊,乃礼之简。且古者,惟冠礼父之醴子,昏礼赞之醴妇醮媵,及聘礼礼宾等用之;其余嘉礼、宾礼、吉礼,其尊也,无不有玄酒。此玄酒者,岂真虚设而但贵其质乎哉？

盖古者宾主献酢，无不卒爵。又爵之大者，恒至数升。其必饮者，礼也；其能饮或不能饮者，量也。先士不欲礼之不成，又不欲人以成礼为苦，故为之玄酒以节之。其用玄酒奈何？曰：和之于酒而已矣。《昏礼》记妇入寝门，赞者彻尊幂，酌玄酒，三属于尊。此和之于尊者也。《周礼·春官》司尊彝，凡六尊六彝之酌，郁齐献酌，醴齐缩酌，盎齐涗酌，凡酒修酌。郑注："凡酒，谓三酒也。修读如涤濯之涤，涤酌以水，和而泲之。今齐人命浩酒曰涤"，是修酌用水也。《郊特牲》云："明水涗齐，贵新也。"是涗酌，亦用水也。此皆和之于酌时者也。和水于尊者，挹彼注兹而已。至于酌酒时以水和而泲之，于尊则已巨，于爵则已细；此盉者，盖即用以和水之器。

自其形制言之：其有梁或鋬者，所以持而荡涤之也；其有盖及细长之喙者，所以使荡涤时酒不泛滥也；其有喙者，所以注酒于爵也。然则盉之为用，在受尊中之酒与玄酒而和之，而注之于爵。故端氏铜禁所列诸酒器中有是物。若以为调味之器，则失之远矣。

周螭梁盉

爵 觚 觯 角

爵、觚、觯、角，皆饮酒器也，而爵又为饮酒器之总名。

《说文》："爵，象爵之形，中有鬯酒，又持之也。所以饮器象爵者，取其鸣节节足足也。"又《博古图》云："爵之字通于雀，前若喙，后若尾，两柱为耳，足修而锐，若戈形。"今其器，两柱，三足，有流，有鋬；汉儒臆说，甚至谓刻木作雀形，背负琖，是未见古器，真可笑也。

觚，《考工记》云："梓人为饮器，爵一升，觚三升，

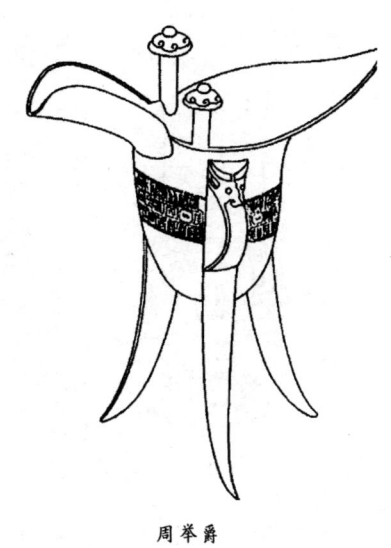

周举爵

献以爵而酬以觚。"（或曰觚二升，觯三升；见后。）《说文》曰："觚，乡饮酒之爵也。"段注："乡当作礼。乡饮酒礼，有爵觯，无觚也。燕礼、大射、特牲，皆用觚。"又王注："乡又当作飨，盖又兼宗庙飨之之义矣。"旧图作八角形，与今所传古器不同。

觯，乡饮酒角也。《礼记》："尊者举觯。"又《考工记》："爵一升，觚三升。"郑注："觚当为觯。"薛氏曰："二升曰觚，三升曰觯，康成改觚为觯，理或然也。"陈氏曰："《乡饮》《乡射》，言献以爵而酬以觯，《仪礼》亦云献以爵酬以

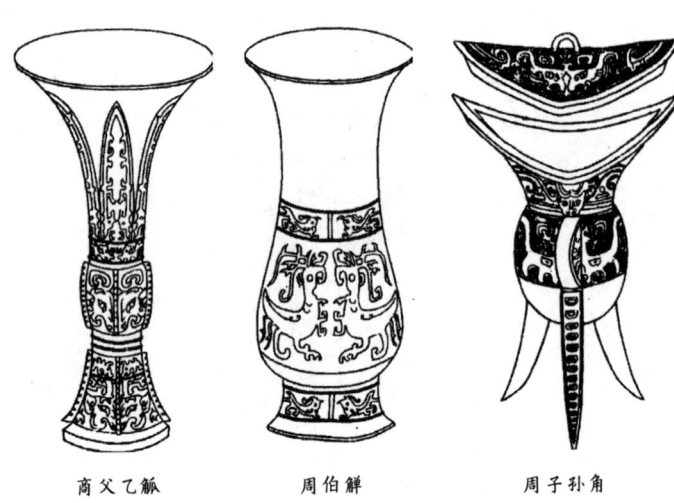

商父乙觚　　周伯觯　　周子孙角

觯。"其形与佟品之尊为近。

角，《礼记》："卑者举角。"疏云："四升曰角。角，触也，不能自适，触罪过也。"故其形制，两端如角锐，不似爵之有流也。按《说文通训定声》云："疑古酒器之始，以角为之，故觚、觯、觥、觥等字多从角。"其说然也。

斝与散

斝亦饮器，其容又大于角。其字与古散字形近，故后人又误斝为散。待王静安先生而始正焉。今录其《说斝》一文如下：

《说文解字》："斝从吅，从斗门，象形，与爵同意。"罗参事（振玉）《殷虚书契考释》云：案斝从吅，不见与爵同意之状；从门，亦不能象斝形。卜辞斝字作𣂂，上象柱，下象足，似爵而腹加硕，甚得斝状；知许书从門作者，乃由𣂂而讹。卜辞从彐，象手持之；许书所从之斗，殆又由此转讹者也。又古彝文有𣂂字，与此正同；但省彐下。其形亦象二柱三足一耳，而无流与尾，与传世古斝形状吻合，可为卜辞𣂂字之证。又古散字作𢼎，与𣂂字形颇相近，故后人误认斝为散。《韩诗》说诸饮器，有散无斝；今传世古酒器，有斝无散，大于角者，惟斝而已。诸经中散字，疑皆斝字之讹云云。

余案参事说是也。浭阳端忠敏方所藏古斯禁止备列诸酒器，其饮器中有爵一，觚一，觯二，角一，斝一，与《特牲馈食礼》之实二爵，二觚，四觯，一角，一散，数虽不同，而器则相若，其证一也。

《礼》言饮器之大者，皆散角或斝角连文。《礼器》："礼有以小为贵者，宗庙之祭：尊者献以爵，卑者献以散；尊者举觯，卑者举角。"《明堂位》："加以璧散璧角。"而《郊特牲》则云："举斝角，诏安户。"皆与角连文。言散则不言斝，言斝则不言散，明二者同物，其证二也。

斝为爵之大者，故名曰斝。斝者，假也，大也。古人不独以为饮器，又以为灌尊。《周礼》司尊彝："秋尝冬烝，祼用斝彝黄彝。"（余见日本住友男爵家所藏一斝，其器至大，殆与壶尊之大者所受略同，盖即古之灌尊。则斝彝者，其器即以斝为之。郑君彝画禾稼之说，决不然矣。）《明堂位》："灌尊：夏后氏以鸡夷，殷以斝，周以黄目。"左氏昭十七年《传》："若我用瓘斝玉瓒。"案瓘当作灌。灌斝即灌尊。斝所以盛鬯，瓒所用以灌也。是古之灌尊，亦以斝为之。而《周礼》鬯人职则云："凡䣎事用散。"散既为饮器，又不灌尊，明系斝字之误，其证三也。

《诗·邶风》："赫如渥赭，公言锡爵。"《毛传》云："祭有畀煇胞翟，阍者惠下之道，见惠不过一散。"经言爵而传言散。虽以《礼》诂《诗》，为《毛传》通例；然疑经文爵字本作斝，转讹为散，后人因散字不得其韵，故改为爵。实则散乃斝之字，赭斝为韵，不与上文篝翟为韵，其证四也。

《礼》有散爵，乃杂爵之意。《燕礼》与《大射仪》："公与诸臣异尊，公爵谓之膳尊，诸臣之尊谓之散。酌于公爵谓之酌膳，酌于诸臣之尊谓之酌散。公爵谓之膳爵，诸臣之爵谓之散爵。"是散者对膳言之。《祭统》以散爵献士，亦对献卿之玉爵，献大夫之瑶爵言之。散爵犹言杂爵也，是散本非器名，其证五也。

比而书之，知小学上之所得，有证之古制而悉合者，盖如此也。

据王氏所云，则知散实为斝之讹字，而散本非器名，又斝之为物，其形如爵，其容甚大，古人不独以为饮器，且又以为灌尊。至于据卜辞以证许书之误，是又意外之收获也。

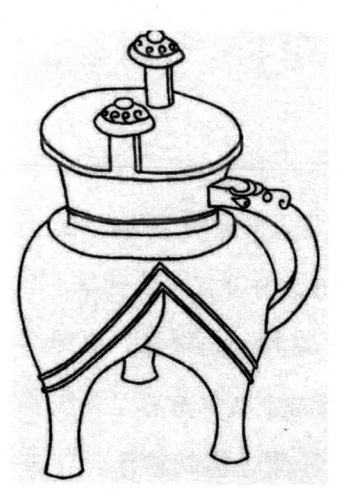

周戉斝

觥与匜

觥为饮酒之器，匜为沃盥之器，其用绝异，其形相似。然匜，铭有明文，而觥则否；觥皆有盖，而匜则否；实不难于辨认也，惜古人未措意耳。至清阮元，则又以角为觥，仍不免于误认，自王静安先生之《说觥》出，而其名始正，今节录其说如下：

（上略）阮文达（元）所藏器，有"子燮兕觥"，其器今在吴县潘氏，不可得见。据文达所记，则云器制以爵面高大。盖作牺首形，有两角。文达名之曰兕觥，又为之说曰，《毛诗·卷耳》下："我姑酌彼兕觥。"传云："角爵也。"毛说盖以兕觥为似角之爵。其制：无双柱，无流，同于角；有三足，同于爵。诂训甚明，非谓以兕角为之也云云。

案阮释毛传非是。然由其所说，足知此器无双柱而有三足，又比爵为高大，与宋以来所名为角者无一不合；惟盖作牛首形，与他角盖异。余谓此亦角也。其盖作牛首者亦犹浭阳端氏所藏"飞燕角"，其盖作燕张两翅形，皆古人随意象物，未足为兕觥之明证也。然则传世古器中无兕觥乎？曰有。兕觥之为物，自宋以来，冒他器之名；而国朝以后，又以他器冒兕觥之名；故知真兕觥者寡矣。

案自宋以来所谓匜者有二种：其一，器浅而巨，有足而无盖，其流狭而长；其一，器稍小而深，或有足（惟《博古图》之文姬匜有之，他器则否），或无足而皆有盖（其无盖者，乃出土时失之），其流侈而短，盖皆作牛首形（估人谓之虎头匜，实则牛首也）。《博古图》十四匜中之启匜、凤匜、三夔匜、父癸匜、文姬匜、遍地雷纹匜、凤夔匜七器；《西清古鉴》三十匜中之司寇匜、祖匜、伯和匜、女匜、山匜、般匜、利匜、举匜、二牺匜、饕餮匜十一器；及端氏所藏诸女匜、黄蠚卯、甫人匜三器，皆属此种。（余如《积古斋》著录之父辛匜、父癸匜盖；《筠清馆》著录之奉册匜、父辛匜、册父乙匜；《攈古录》著录之亚匜盖、伏匜、文父丁匜、诸女匜；并予所见拓本中之析子孙父乙匜、父戊匜、作父乙匜；虽未见原器，然观其铭文，属乙类无疑。中有二匜盖，尤其证也。）余以为此非匜也。何以明之？

甲类之匜，其铭皆云：某作宝匜，或云作旅匜，或云作媵匜，皆有匜字；而乙类三十余器中绝无匜字（惟端氏之甫人匜铭云："甫人父作旅匜，其万年用。"然其铭后刻，乃摹吴县曹氏之甫人匜为之者。曹匜有图，乃甲类，非乙类也）。此一证也。

匜乃燕器，非以施之鬼神。而乙类之器，其铭多云：作父某宝尊彝（如父辛匜，乃与吴县曹氏，诸列刘氏之父辛尊同文；诸女匜亦与溧阳端氏之诸女方爵同文；皆祭器之证），其为孝享之器，而非沃盥水盛于盘洗，匜惟于沃盥时一用之，无须有盖；而乙类皆有之。此三证也。

然则既非匜矣，果何物乎？曰：所谓兕觥者是已。何以明之？曰：

此乙类二十余器中，其有盖者居五分之四，其盖端皆作牛首，绝无他形；非如阮氏兕觥仅有一器也。其证一。

《诗·小雅》《周颂》皆云："兕觥其觩。"毛于觩字无训，郑惟云觩然陈设而已。案觩，《说文》作斛，当与利木（今《诗》作樛木）之朻音义相同。斛者，曲也。（从丩得声之字，如句、革、纠等，皆有曲意。）今《诗》作觩，又假借作捄。以诗证之，则《大东》云："有捄棘匕。"又云："有捄天毕。"《良耜》云："有捄其角。"《泮水》云："角弓其觩。"凡匕与角与弓，其形无不曲者；毕之首有歧，亦作曲形。则兕觥形制，亦可知矣。今乙类匜与盖，皆前昂而后低，当流之处，必当于当柄处若干，此由使饮酒时酒不外溢而设，故器盖二者均觩然有曲意，与《小雅》《周颂》合。其证二。

《诗疏》收《五经异义》述毛说并《礼图》，皆云觥大七升，是于饮器中为最大，今乙类匜比受五升（《韩诗》说），若六升（《说文》引或说）之斝尤大，其为觥无疑。斝者，假也；觥者，光也，充也，廓也，皆大之意。其证三。（觥有至大者，所容与尊壶同。《诗·卷耳》"我姑酌彼兕觥"，与上章"我姑酌彼金罍"文例正同。金罍为尊，则兕觥亦尊也。《七月》"称彼兕觥"，则为饮器。盖觥兼盛酒与饮酒二用，与斝同也。）

立此六证，乙类匜之为兕觥甚明。然此说虽定于余，亦自宋人发之。宋无名氏《续考古图》有兕觥二，其器皆属匜之乙类。此书伪器错出，定名亦多误；独名乙类匜为兕觥，乃至当不可易；今特为疏通证明之。然则古藏器之名，虽谓之全定自宋人，无不可也。

据此，则觥、匜之别，较然可知；而角之非觥，亦得明知。

觥

匜

盘

盘,本作槃。《说文》:"槃,承槃也。"今通作盘。盘本为承水器,古之盥手者,以匜沃水,以盘承之,浸假食器亦以盘,如《左传》:"乃馈盘飧,置璧焉。"又如《急就篇》之盘、案,注:"无足曰盘,有足曰案,所以陈举食。"又他杂用亦或以盘,如《礼记·丧大记》:"君设大盘,大夫设夷盘。"《史记·平原君传》:"毛遂左手持盘血"是也。其字,考之古器铭文,皆作盘,或作般,或从金作鎜,无从木者;后世通作盘字,正合于古器铭文也。

周夔纹盉

盂

盂，《说文》："饭器也。"然亦有以为饮器，如《史记·滑稽列传》："酒一盂。"又《墨子》曰"琢之盘盂"，《玉篇》曰"盘也"，则又当与盘、匜同列。按《博古图》有周伯索盂，其铭曰："伯索史作季姜宝盂"，与盘、匜之有为妇人而作者，似同为媵器，则《玉篇》之说是也。惟其形制，颇不类盘，而与盦相似，古人或杂用之欤？

盦

盦，盛食物之器，《说文》云："覆盖也。"《考古图》有"伯戈馈盦"，《吕氏》曰："馈盦者，以捧连汤饭，而加覆盖耳。"殊不可解。其器，薛氏《款识》作"邛仲盦"。《博古图》又有"交虬盦"。其形似敦，谓为盛食物之器，殆不误也。

钘

阮氏《积古斋款识》录周《史宾钘铭》二十六字，并释其器云："钘"即《说文》"钘"字。《说文》解"钘"字云："似钟而颈长。"此字正在"钟"字之上。"钟"字解云："酒器也。"然则钘为酒器，似钟而颈长耳。此器颈长，足见许氏无虚语也。戴氏《六书故》云:"钘,经天切,似壶而大。"《庄子》曰:"求钘钟也以束缚。"自陆氏《释文》误音刑,后世遂混于铏鼎之铏。其实一从干,一从井,形声判然异矣。《博古》《考古》二图,俱无是器,其失传久矣。

盝

阮氏录周《王子申盝盖铭》十七字,考定为楚器,并释之曰:此器形如敦盖。铭曰盝,或释作琖,非是。琖与斝、爵同类,安得有若是之大盖乎?《玉篇》云:"案盝,大盂也。"《广雅》案盝与敦椀同释为盂。此即盝字。《通俗文》云:"盏或谓之盌。"盌即椀也。《急就篇》云:"椭杅槃案桮闾盌。"颜师古注云:"盌似盂而深长。"此盝失器存盖,以盖度之,器必似盂而深长,其为盂敦同类之物,又无疑矣。盝字作盏,此铭合于《通俗文》,是古文也。

甀

阮氏录《周齐侯甀铭》六十字,云据赵太常所藏拓本摹入,并释其器云:案鏏即甀字。《广雅·释器》云:"甀,瓶也,亦作儋。"《后汉·明帝纪》注引《埤苍》云:"担,大罋也，字或作儋。"《史记·货殖列传》云："酱千甒。"徐广云："甒，大罋缶。"《方言》云："罃，齐之东北海岱之间，谓之甒。"《汉书·蒯通传》注引应劭云："齐人名小罃为儋，受二斛。"此齐器也。

余按其铭文"鱃"字从缶，则其始为陶器无疑；迨后进于冶铸，而仍其字作鱃，盖可知也。又其铭云："用实旨酒。"则又为盛酒之器，当与尊壶同列也。

第三节 兵器

殷周铜器之传世者，大量之礼器，及少数之常用器外，惟有兵器。《越绝书·宝剑篇》记风胡子对楚王曰："轩辕神农赫胥之时，以石为兵……至黄帝之时，以玉为兵；……禹穴之时，以铜为兵；……当此之时，（战国）作铁兵。……"按此以兵器画分时代，实与近世西方考古学家分人类记录以前史为旧石器（石兵）、新石器（玉兵）、铜器（铜兵）、铁器（铁兵）诸时代相合，惟时间远近则不一耳。至所传铜兵，前人之著录者，宋惟四器，至清乃有五百余器。考其名目，则有：戈、戟、戣、瞿、矛、剑、匕首、刀、斧、钺、戚、矢镞、距末、弩机等等，兹略述之如下：

戈 戟

戈，《说文》云："平头戟也。"《考工创物小记》云："其刃向前者，谓之援，援之下垂而附于柲者谓之胡，其后端曰内。"旧说皆以为直刃，程瑶田据所见古戈，其胡与内皆穿孔，孔所以缠缚于柲，与戟同，皆横刃也。此器传世甚多，多自载其名，曰某戈，曰某之戈，曰某艁戈，曰某作戈，曰某之艁戈，文例变化如此。然亦有但具图像而无文字者，亦有虽具文字而不可识者，旧说皆以为商器也。

戟，《说文》云："有枝兵也。"其制与戈略同；所异于戈者，援略昂起，而内亦有刃也。（从程瑶田说。）此器传世甚少，而亦自载其名。

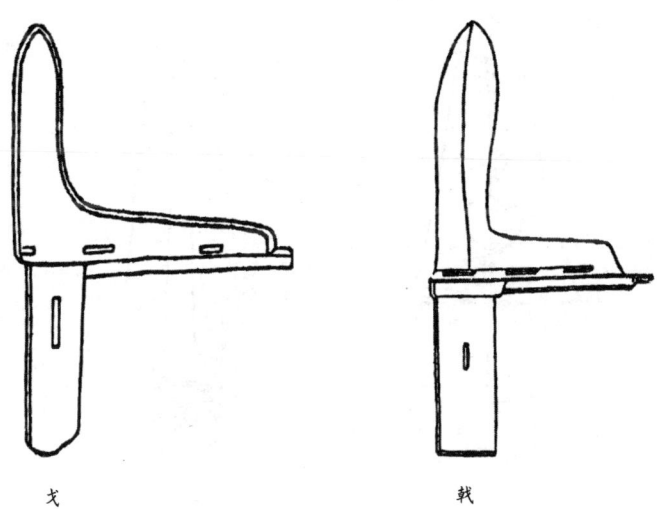

戈　　　　　　　　　戟

戣 瞿

阮氏《积古斋》录商周句兵数事,盖即戣与瞿也。阮氏释此器云:此器如戈横援。援本不为内而为銎,上下相穿以柲,銎外长出寸余,勒铭其上。程易畴云:《书·顾命》曰,一人冕执戣,立于东垂;一人冕执瞿,立于西垂。孔氏以为戣、瞿皆戟属,似得之。《广韵》戣、瞿皆引《顾命》,而以戟属释之,是矣。戈、戟并有内;此器为銎受柲,制似少异,其为句兵,为戟属,无可疑也。

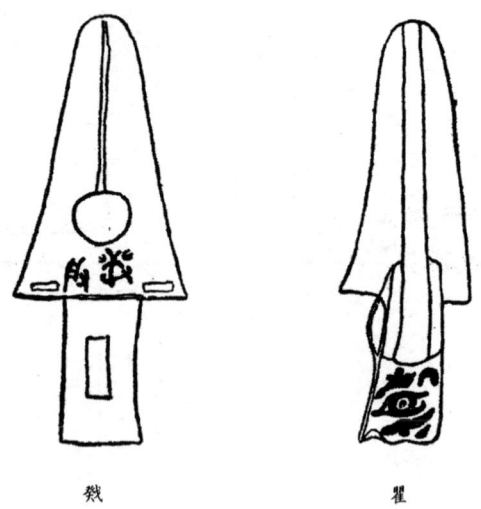

戣　　　　　瞿

矛

矛,《说文》云:"酋矛也,建于兵申,长二丈,象形。"段注:"钩兵也。酋矛,长矛也。"又戈也,《诗·节南山》:"相尔矛矣。"《释文》:"矛,戈矛也。"又戟也,《周书》:"操弓执矛。"《释文》:"矛,矛戟也。"据此数义,矛盖亦戈戟之属也。

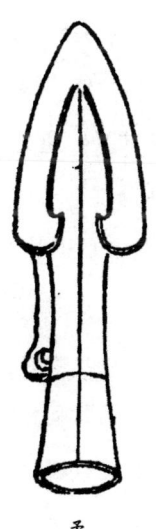

矛

剑

剑,《说文》:"人所带兵也。"赵宧光曰:"古人无所不佩,兵则剑也,故曰所带兵。"刘昭曰:"自天子至于庶人,咸皆带剑。……古者天子二十而冠带剑,诸侯三十而冠带剑,大夫四十而冠带剑,隶人不得冠,庶人有事则带剑,无事不得带剑。"其制则《考工记》云:"桃氏为剑,腊广二寸有半寸,两从半之,以其腊广为之茎,围长倍之,中其茎,设其后,参分其腊广,去一以为首广而围之。身长五其茎长,重九锊,谓之上制,上士服之。身长四其茎长,重七锊,谓之中制,中士服之。身长三其茎长,重五锊,谓之下制,下士服之。"世传吴季子子逞剑,有铭十字,鸟篆文,甚精美。其剑字从金作"鐱",不从刀。其器以周尺度之,长三尺,腊广二寸半,重九锊,上士之剑也。铭在其腊,此康熙八年,孙退谷得于睢阳,当时名流,题咏殆遍。阮氏摹其铭入《积古斋款识》,亦古器之一佳话也。

匕首

匕首,剑属。《史记·吴世家》:"专诸置匕首于炙鱼中。"按刘向《说苑》云:"尺八短剑,头似匕。"又《通俗文》云:"其头类匕而便用,故曰匕首。"

刀

刀,兵也,象形,见《说文》。段注:"刀者,兵之一也。"

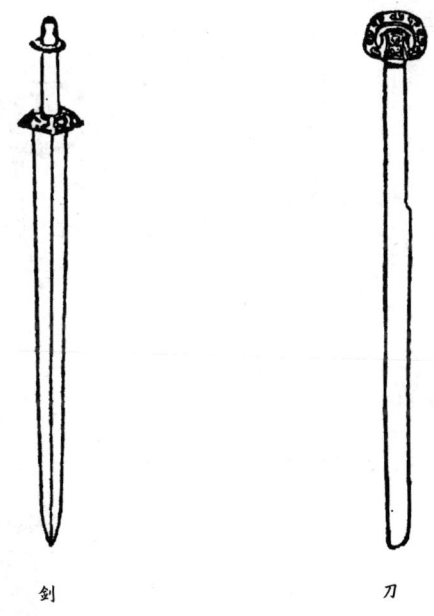

剑　　　刀

斧 戊 戚

斧，所以斫也，见《说文》。不曰兵器。段注："斧之为用广矣。"《刑书释名》："黄帝五刑，四曰斧钺。"《古今注》："金斧，黄钺也；铁斧，玄钺也。三代通用之以断斩。"

戊，斧也。《司马法》曰："夏执玄戊，殷执白戚，周左仗黄戊，右把白髦。"见《说文》。段注："俗多金旁作钺。"合《刑书释名》及《司马法》观之，斧戊实刑具也。

戚，戊也，见《说文》。段注：《大雅》云："干戈戚扬。"传："戚，斧也；扬，戊也。"依毛传，戚小于戊，扬乃得戊名。《左传》："戚戊秬鬯，文公受之。"戚戊亦分二物，许则浑言之耳。

观以上所述，则斧、戊、戚三者，实皆类似之物，其始不作兵器，《古今注》所谓"三代通用之以断斩"是也。

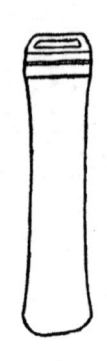

斧

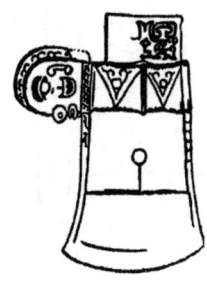

戊

图 10 戚

矢镞

矢镞，矢镝也。贾谊《过秦论》："秦无亡矢遗镞之费。"按矢镝，古以砮石为之，故《禹贡》："砺砥砮丹"，传云："砮，石中矢镞，后世以金为之。"故《尔雅》注李巡曰："镞，以金为箭镞也。"又按，镞，《说文》但曰："利也。"段注："今用为矢鏶之镞，与许不同，疑后所增字。"今其器之传世者，尚数十品也。

矢镞

距末

阮氏《积古斋》录周《距末铭》八字,曰"愕作距末"云云。并释之曰:颜运生所藏器,据赵晋斋拓本摹入。案距末,不知何器。沈心醇据《战国策》苏秦说韩王曰:"谿子少府时力距来,皆射六百步之外",疑此为弩饬。孔检讨(广森)亦以为饬弓箫者。二说皆近之,特此"末"字甚明,断不得疑为"来"字之讹。按《荀子·性恶篇》曰:"繁弱巨黍,古之良弓也。"又潘安仁《闲居赋》曰:"谿子巨黍,异絭同机。"据此,则《国策》之"来",《荀子》《文选》又作"黍"矣。杨倞注欲改"黍"从"来",尚未见此器之作"末"字也。《荀子》"巨黍",今"巨"作"距"者,亦古字通借耳。此器中空,一面有陷,圆而向下,确是弓箫末张弦之处,以今弓末验之,可知矣。

弩机 弩牙

弩,弓有臂者,见《说文》。按弩,黄帝所作,设机括以为射者也。弩牙,弩上发矢机也。《易》"言行君子之枢机"疏:"枢谓户枢,机谓弩牙。"据罗振玉《梦郼草堂吉金图》,三代之器,今尚有存者。

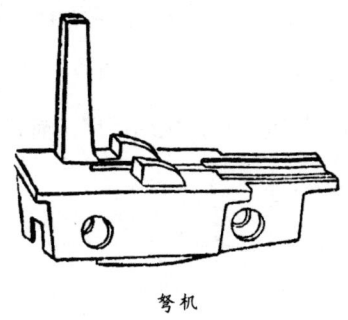

弩机

枪 鐏 刀珌 削

三代兵器之可述者，如此而已。其余据清人所著录者，尚有枪、鐏、刀珌诸器，则王氏《著录表》列诸疑伪。按枪之名为后起，三代无之。鐏为矛戟柄之端，冒以铜，平底者曰鐏。《礼记》"进矛戟者前其鐏"是也。刀珌，佩刀下饰也。始见于阮氏《款识》。《诗》："鞞琫有珌。"毛传云："琫上饰，珌下饰。天子玉琫而珧珌，诸侯璗琫而璆珌，大夫镣琫而镠珌，士珧琫而珧珌。"《说文》："琫珌天子皆以玉"，然则诸侯皆以金，大夫皆以银，士皆以珧也。而阮氏云："此刀珌未见其器，不知何所质"，则未必定为铜器也。此外阮氏所著录者，又有周削一器。案《考工记》："筑氏为削"，郑注："今之书刀。"阮氏又曰："今案此器，脊微倨，身屈，刃在内，刃下按拊，拊末有镮，可置缨结，以便佩带。"与《说文》所谓"剞劂曲刀"者合。罗振玉曰："刀削之制，但殊长短大小，伍伯所用，简牍所资，并无差异。"（王表列于兵器，失察。）

第三章 秦汉以后诸器

第一节 绪言

论秦汉以后诸器与殷周诸器之异趣

秦汉上承三代，下启六朝，在文化史上为一重大之关键，而吉金诸器之遗留于今者，远不及殷周之盛，法物殆缺，殊无足述。王表列宋人所著录者，秦汉以后，仅六十器。清人著录，亦仅千数，以视殷周，瞠乎后矣。盖极盛之后，难乎为继；且作风丕变，铭文亦异。如汉代之鼎，圆而有盖，其铭多凿于口边之外侧，仅为宫庙之名及容量、工名、筹款等等。字既粗劣，义无足观；他器亦然。盖已入于郭沫若所谓铭文之第四阶段，复返于粗略之自名，或委之于拙匠之手，而为"物勒工名"矣。花纹则以神人异兽为主，兽环之铺首亦颇习用；三代之饕餮云雷，则渐归淘汰。他如鸠尊瑞兽尊等，全以整个器形肖像某物，则为三代所无。又除少数之有花纹者外，几全为素器，与三代异趣。惟于器之外层，多加金皮，或以松石金银，镶嵌细花，则为汉器特异之表现焉。

礼器如是，兵器亦鲜。所传惟弩机之数量较多，余如剑戟等物，至为罕见。故后人宝重，转在小品之杂器，及钱币、玺印、兵符、镜鉴等类。而钱币、玺印、兵符、镜鉴四者，昔人以传世数量至多，所谓附庸蔚为大国，皆别出一类以研究之，兹亦另辟一章以述之。

上述以外，惟秦汉以后之度量衡器，品类较繁，遗物亦多，为三代所未尝有者。六朝至唐，诸器益无足述。惟佛教造像，与石刻并盛，称一代精华。宋明而下，其所仿制，虽有可观，然于金石学上，价值殊鲜，概不赘焉。

今略述度量衡器及杂器二类于下。

第二节 度量衡器

《书》言"同律度量衡",《礼》称"正权概角斗甬",而其制失传;传者秦权、汉尺、莽量数事而已。古今大小殊制,短长异宜,其有关于考古甚巨,此不详论,论其名目。

权

权,称锤也。古器之传于世者,厥始于秦。宋吕氏《考古图录》秦权一,铭百字,外有"平阳斤"三字。薛氏《款识》别录一器,铭同;而称吕氏所录者曰"斤",实皆权也。薛氏引《古器物铭》云:世所谓秦权至多,铭文悉同。欧阳《集古录》载:秘阁校理文同家有二铭,其一乃铜环,上有铭,循环刻之,不知为何器;余尝考之,亦权也。按班固《汉书·律历志》:五权之制,围而环之。今之肉倍好者(边缘部分曰肉,中孔曰好),周旋无端,周而复始,无穷已也。孟康注以谓锤之形如环也。然古权亦有如今称锤相似者,盖形制不一,各从其便耳。清人著录,凡六十有六,大小轻重不等。

量

量,斗斛也。传世之器,亦始于秦。其形或椭或方。清人著录者凡三十有六。上亦镌铭,文与权同也。

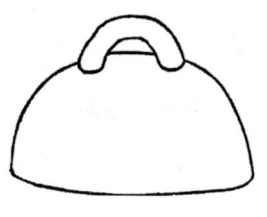

秦权

秦量以外,又有所传汉嘉量,实新莽时器也。按《周礼》栗氏为量,铭曰:"嘉量既成,以观四国。"而此亦名嘉量,盖莽假《周礼》以愚惑天下也。其器大小凡五:一斛、二斗、三升、四合、五龠,而统曰量,合为一器。其制,用铜方尺而圜其外,旁有庣焉。其上为斛,其下为斗,左耳为升,右耳为合龠。铭八十一字,而斛斗升合龠五者,又各有铭,言其制度。

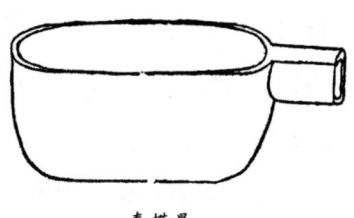

秦椭量

秦方量

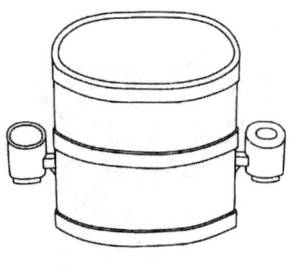

汉嘉量

甬 钟 钫

甬、钟、钫，皆量名也。甬之器，不传于今，据薛氏《款识》引《古器物铭》云："谷口铜甬，旧藏刘原父家。"其铭云："谷口铜甬，容十斗，则其制可知也。"

钟，古制不一。《淮南》高注："十斛为钟。"《小尔雅》云："缶二谓之钟"，注"八斛为钟"。《左传》："釜十则钟"，杜注："六斛四斗为钟"。《后汉·郎顗传》李贤注："四釜为钟。"诸说互异如此。若更即其器铭求之，尤为纷如，盖大小颇不一也。

钫，圆者曰钟，方者曰钫。薛氏著录一器（武安侯钫），其铭曰："容一石二斗。"《陶斋吉金录》有七器，其铭或容六斗，或容四斗，大小亦不一也。

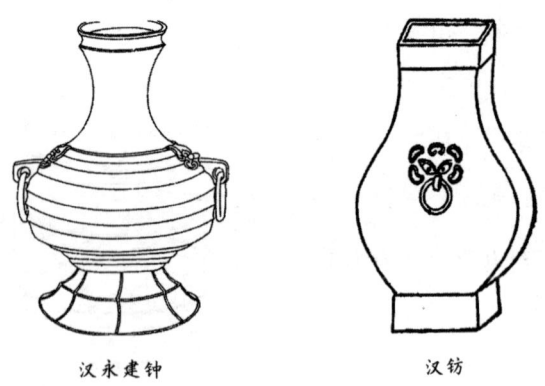

汉永建钟　　　　　汉钫

尺

汉尺之存于今者，惟阮氏《款识》录曲阜孔氏所藏之后汉建初尺，罗氏《集古遗文》录潍县某氏所藏之新莽始建国铜尺耳。又徐乃昌《积学斋集古器物文》录元延二年铜尺，不知藏于谁氏；则其铭识乃仿元延锎为之，非真物也。此外惟上虞罗氏藏古铜尺一，牙尺一，并与建初尺长短略等；然无铭识；以制度观之，实汉物也。

蜀尺，则罗氏旧藏章武弩机，其望山上有金错小尺，与建初尺长短略同。又藏魏正始弩机，亦有尺，度较建初尺微长，殆即《隋书·律历志》所谓杜夔尺也。

晋尺未有传者，世所谓晋前尺，拓本皆出于王复斋《钟鼎款识》。王静安先生考定为出于宋若讷仿造，非真晋尺也。

唐尺，我国无之，惟日本奈良正仓院藏六尺，乃彼国天平胜宝八年（当唐至德二载），孝谦天皇之母后献于东大寺者。凡红牙拨镂尺二，绿牙拨镂尺二，白牙拨镂尺二，其拓本曾影印于《东瀛珠光》中。王静安先生有跋，存《观堂集林》。

宋尺，则《山左金石志》录三司布帛尺一，藏曲阜孔氏。近年宋巨鹿故城出三木尺，藏上虞罗氏，其制与唐尺略同。王氏均有跋。

尝考尺度之制，由短而长，殆为定例，其增率之速，莫剧于西晋后魏之间，三百年间，几增十分之三。求其原因，实由魏晋以后，以绢布为调，官吏惧其短耗，又欲多取于民，故代有增益也。

第三节 杂器

《金石索》于"杂器之属"曰:"钟鼎之属,已列首编。乃有器不必登于郊庙,名不必同于商周,而有象可绘,有铭可录,有年月可志者,若铏、若洗、若镫、若炉、若釜甑、若锥斗,以乃浮屠造像、田野铃铎之微,皆可藉以想见古人制作精意。"今本斯旨,略述于下。

铏

铏,《说文》云:"小盆也。"宋人著录者,惟《博古图》汉元康铏一器。其铭曰:"梁山铜二斗铏,重十斤。元康元年造。扶。"考西汉器物记年号者,莫先于此云。(如图1)

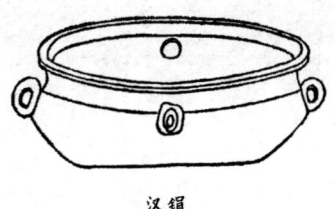

汉铏

洗

洗，承盥洗者，弃水器也。《仪礼·士冠礼》："设洗置于东荣。"疏："盥于洗爵之时，恐水秽地，以洗承盥洗水而弃之。"然周器莫传，传始于汉。其制小大不侔，或深如甒，或浅如盂。略有铭识，或刻鱼鹭、双鱼、双鸳及吉羊等图形。其铭有刻年时及铸造之地名者，或刻某官永用者，或但刻吉语者，如"宜子孙""富贵昌宜侯王""大吉昌宜侯王""宜侯王大吉羊"等等不一，书体精美，颇胜于同时鼎彝之铭。此器，宋人著录者有七，而清尤多（一八八器），为诸汉器冠。

汉蟠夔洗

镫 锭 烛盘

镫、锭,皆荐熟食之器。《说文》云:"镫,锭也。锭,镫也。"《广韵》:"豆有足曰锭,无足曰镫。"又膏镫也。《楚辞·招魂》:"兰膏明烛,华镫错些。"注:"徐铉曰:锭中置烛,故谓之镫。"按朱骏声云:"一其制似豆,故转而名焉。"今所传汉器,似皆为膏镫,而非荐熟食之器也。其名最繁,如雁足镫、驼镫、犀镫、辟邪镫、凤龟镫,皆象其形也。

宋人著录,镫、锭以外,尚有烛盘,亦镫、锭类也。然惟汉车宫承烛盘一器,见于《考古图》,有铭十七字云。

汉宫行镫

汉黄龙镫

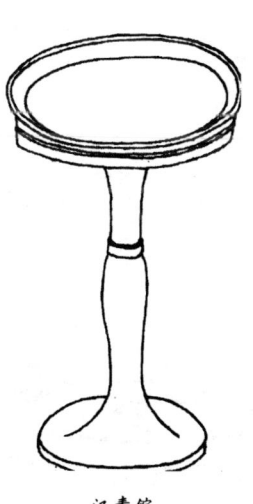
汉素锭

釜 鍑 鈶镂

釜、鍑、鈶镂，皆炊器名也。釜，䰞或字，见《说文》。段注："经典多作釜，惟《周礼》作䰞。"《汉书》："多赍䰞鍑薪炭"，亦作䰞。《诗·采蘋》毛传曰："有足曰锜，无足曰釜。"又《方言》："鍑，江淮陈楚之间谓之锜，或谓之镂。"则三者实同器而异名也。今观《陶斋吉金录》，则釜鍑为无足，而鈶镂则有足，其形特异。

汉釜

汉大官鍑

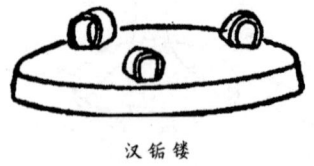

汉鈶镂

熏炉

炉，本用以贮炭取暖者也。至汉代中原与南海诸州、西域国交通，沉檀等香料入境，乃有熏香之风，而名曰熏炉。前人著录，有形如釜镇之类者，如《考古图》之汉齐安宫熏炉。又有曰博山炉者，亦见于《考古图》。按博山，在山东青州，炉盖象其形，因以名之。炉下有盘，可以贮汤，俾令香气蒸润也。

汉熏炉

镵斗

镵斗，温器也。见颜师古《急就篇注》。王应麟谓即刁斗，三足而有柄。赵希鹄《洞天清录》则曰："刁斗无足，镵斗有足。"是器，宋人无著录者，而清亦寥寥。

汉博山炉

汉素镵斗

铃 铎

铃，令丁也。见《说文》。《广韵》曰："似钟而小，古谓之丁宁，汉谓之令丁。"《正字通》云："以金为圜郭，半裂以出声，锢铜丸于内，摇之声令然。"其用，或悬于马颈或旗首；或设于宫殿楼阁之檐角，所谓铃铎是也。

铎，大铃也。军法：五人为伍，五伍为两，两司马执铎。见《说文》《三礼图》云："其匡以铜为之，木舌为木铎，金舌为金铎，振之所以宣教令者也，古者将有新令，必奋铎以警众：文事奋木铎，武事奋金铎。"今汉器尚有传者。

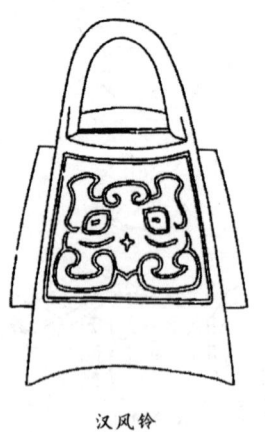

汉风铃

汉铎

带钩

带钩,汉铜之极小品也。然前人著录,逾百三十余器,由知其有可好者在焉。其铭多为吉语,如曰"和寿""长宜子孙""长宜君官""君高迁"等等,不一而足,形制亦多特异,《传》曰"坐客满堂,视钩各异",其是之谓欤!考革带有钩,由来已旧。古人以铜著胸腹间,所以拘带,且以捍矢。《左传》僖二十四年:"齐桓公置射钩,而使管仲相。"杜注:"中带钩。"《吕览·贵卒》:"管子扞弓射公子小白中钩。"《国语·晋语》:"乾时之役,申孙之矢,集于桓钩。"韦注:"带钩也。"扬子《太玄》:"格裳格鞶,钩据之。"则钩之制古矣,而传者惟汉。

汉带钩

铜鼓

铜鼓,古蛮人所用,南边土中时有掘得者,如坐墩而空其下,满鼓皆细花纹,四角有小蟾蜍。两人舁行。拊之,声似鞞鼓。见《桂海虞衡志》。按后汉马援于交趾得骆越铜鼓,见援本传,是铜鼓确非中国产也。

汉铜鼓

造像

造像兴于佛教流行之日,以六朝为最盛。其形体之大小广狭,制作之精粗不等。然与龙门石刻相较,其气魄之雄伟,品类之繁赜,则又不逮远甚。今就《陶斋吉金录》所图录者,略示数例,以见一斑。

北魏及北周造像

浮屠

浮屠,华言塔也,亦起于六朝,石刻为多,铜质极少。张燕昌《金石契》录吴越王金涂塔一品,塔铜质,涂金,状如片瓦,四瓦合成一塔。张氏云:"右金涂塔画像,见《表忠谱》,高六寸,重三十五两。"聊举之以示例耳。

吴越王金涂塔

第四章 钱币、玺印、兵符、镜鉴

第一节 钱币（钱范附）

古币——周钱——齐莒刀——秦钱——汉钱——莽货——东汉以后钱——唐以后钱——钱范

上古以物易物，以贝为货币，故现代通行之字，如财、货、买、卖、赁、贷、贿、赂等字，凡与财物有关者，多从贝。其后冶金术进步，乃改用铜币以济贝货之不足，而为交易之媒介。古货币之存于今者，有铲形、刀形、圆形等种，以文化之演进，人事之繁复而异焉。其名称有金、货、币、泉、刀、布、钱、宝等变迁。其上有具备文字者，亦有无文字者。《汉·食货志》云："货宝于金，利于刀，流于泉。"可谓尽货币之精义矣。又《通志》云："自太昊以来始有钱，太皞、高阳谓之金，有熊、高辛谓之泉，齐莒谓之刀。"自来著录之书，因多自太吴伏羲氏始，可不问而知其伪托也。兹略述历代钱币之大概如下：

一、**古币** 按前人著录钱币，凡周以前，皆无确证，

余统名为古币,述其形制文字于下:

(甲)作干盾行,中饰以龙,旧以为太昊伏羲氏金币。

(乙)作圆形,中有小圆孔,上有文字。作 ? 者,旧以为葛天氏币;作 ? 数字环绕者,以为神农氏币。

(丙)作铲形,有各种微细之异点,约举如下:①纯铲形,前人谓之铲币。其上略有文字,如 ? 、 ? 、 ? 、 ? 、 ? 、 ? 、 ? 、 ? 、 ? 、 ? 、 ? 、 ? 、 ? 、 ? 、 ? 、 ? 、 ? 、 ? 等等,颇类甲骨文字,而不尽可识。②其形较小,棱角亦稍杀,上亦有文字:其作 ? 、 ? 者,旧以为轩辕氏币;其 ? 、 ? 者,旧以为少昊氏币。③其形下端凹入,如两足状,上有文字,多为地名,如平阳、安阳、武平、阳

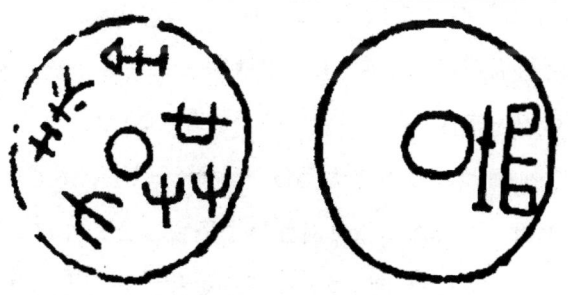

古圆形钱币二种

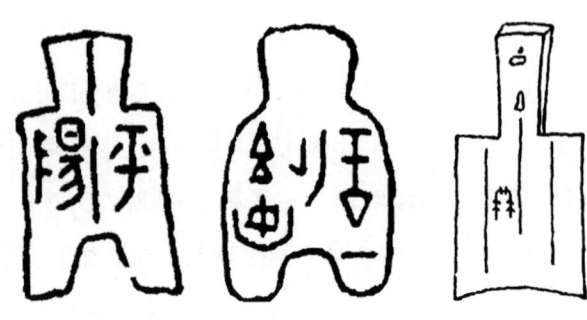

古铲形币三种

山等等,旧以为高阳氏币;有作🈳、🈳者,旧以为尧布。④如两足状而体稍圆者,其文字较为复杂,如舜五二币,其文曰:"乘马货金五二十当币。"禹币曰"安邑货一金",或曰"二金",则不独明著地名,且又加法定价值焉。而汤币形如第三种,文曰"汤金"。

(丁)其形上狭下广,背平面凸,古所谓蚁鼻钱,或以为其通行尚在铲币之前,以其状类贝壳也。上亦略有文字,多不可识;兼有一孔。俗名鬼脸子,言黑而丑也。

二、周钱 以上自太昊以下、禹汤以上,其形凡四,概称古币,盖莫能确指其时代也。旧说云云,亦自成其为旧说耳。自周以后,始较可征信。史称太公为周立九府圜法,始名以钱,钱圆函方。函,孔也。景王更铸大钱,文

周钱

秦钱

汉钱

曰宝货。今所传周钱,有曰"宝六货"者,有曰"宝四货"者,皆其法定价值也。

三、**齐莒刀** 史称太公为周立九府圜法,退又行之于齐。桓公令轻罪者赎以金刀,故齐刀为多。今所传者,形确如刀,其柄有环,盖以穿绳,亦如周钱之有孔耳。其文字大抵瘦硬通神,如古铲币。有作"齐宝货"者,或曰"齐之宝货"。更有冠以地名,如"齐迟阳馆(未

齐刀

识）宝货""安阳之宝货""节墨之宝货"等。背文有："吉""货""士""工""行""生""甘""廿""宝""圆""上""宝甘""丁""安阳""开阳""大""九"等等之异。莒刀形制略同，惟文字甚简，正面但作"莒"字，背文多系"左""右"数目等字。按即墨及莒，皆齐之大邑也。《国策》：乐毅伐齐，城不下者，惟莒及即墨是也。

四、秦钱 钱作圆形，中有方孔。《汉·食货志》云："秦钱质如周钱，文曰半两，重如其文。"今所传者，背平无郭，恰与周之"宝六货"相似，圆径一寸三分半云。

五、汉钱 与秦钱同，多作圆形。其文有半两、三铢、四铢、五铢等等。半两钱，吕后及武帝时皆尝铸之。四铢钱，文帝时造。《文帝纪》云："五年春二月，更造四铢钱。"应劭注："其文亦曰半两。"径一寸弱，世所传半两至轻小者是也。三铢、五铢，皆武帝时造。《汉志》言武帝令县官销半两钱，更铸三铢钱，重如其文。又元狩五年，有司言三铢钱轻，易以奸诈，请郡国更铸五铢钱，周郭其质，令不得摩取镕注是也。此外，武帝又造银锡白金，以为天用莫如龙，地用莫如马，人用莫如龟，故白金三品：其一曰，重八两，圜之，其文龙，直三千；二曰以重差小，方之，其文马，直五百；三曰复小，椭之，其文龟，直三百。俱

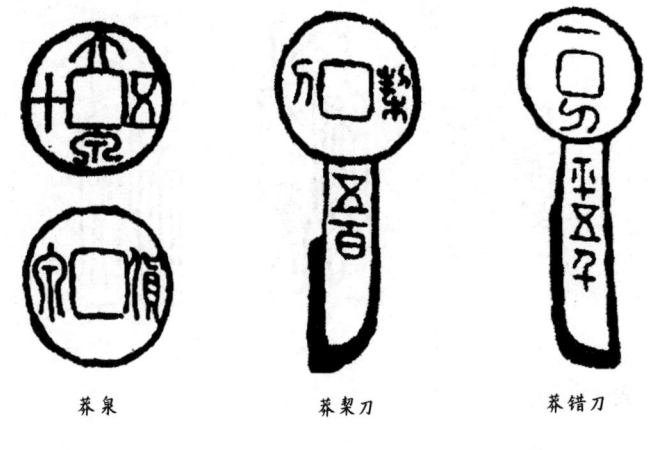

莽泉　　　　莽契刀　　　　莽错刀

见《汉·食货志》。惟旧传图谱，不尽可信也。

六、**莽货**　新莽事事复古，变更汉制，铸作钱布，皆用铜，殽以连锡。今所传者，有泉刀布三式：

（甲）泉　形与汉同，外圆内方，其制有六。《食货志》云：王莽居摄，变汉制，以周钱有子母相权，于是更造大钱，径寸二分，重十二铢，文曰"大泉五十"。始建国，更作小钱，径六分，文曰"小泉直一"，重一铢。次"幺泉一十"，次"幼泉二十"，次"中泉三十"，次"壮泉四十"，因前"大泉五十"，为泉货六品。又天凤元年，莽罢大小泉，改作货泉，径一寸，重五铢，文右曰"货"，左曰"泉"，枚直一，与货布二品并行，今所传大小不一。

莽布

（乙）契刀及错刀 《汉志》：莽造大泉五十，又造契刀、错刀。契刀，其环如大泉，身形如刀，长二寸，文曰"契月五百"。错刀，以黄金错其文，曰"一刀直五千"。按《志》云"直五千"者，解"平五千"之义，非谓刀文有"直"字也。又错刀之行未久，传世不多。鲍照诗云："美人赠我金错刀，何以报之英琼瑶。"则六朝已重其品矣，宜今之罕觏也。

（丙）布 莽布凡十品，《汉志》：小布，长寸五分，重十五铢，文曰"小布一百"。自小布以上，幺布、幼布、厚布、差布、中布、壮布、第布、次布、大布，各相长一分，相重一铢，文各为其布名，直各加一百；至大布，长二寸四分，重一两，而直千钱矣。又有货布，则在十品之外，《汉志》：天凤元年，罢大小泉，改作货布，长二寸五分，广一寸，首长八分有奇，广八分，其圜好径二分半，足枝长八分，间广二分，其文，右曰"货"，左曰"布"，重二十五铢，直货泉二十五。《金石记》云：诸泉布惟此一品尺寸最详。

七、东汉以后钱 自东汉以后，历代钱币，皆外圆内方，无复作刀布形者。盖刀布之形，携带应用，俱不便利，后世人事日繁，贸易发达，自不得不改进耳。至其制度，有可得而言者：

东汉光武中兴，复五铢钱。灵帝作角钱，背文四出，俗称为四道五铢，有铜铁二等。献帝作小钱，无轮郭文章。

蜀汉昭烈帝作五铢钱，文曰"直百五铢"，有径九分、七分者，背有一"为"字，或云指犍为郡。又一种上"直"下"百"，无"五铢"字。

魏文帝初亦复五铢，旋罢。明帝复行。

吴大帝作大泉，文曰"大泉五百"，又铸"大泉当千"，式有大小二种。

晋有"太元货泉"，孝武帝铸。"大元"真书，"货泉"篆文。钱用年号者始此。

南北朝：宋文帝铸四铢钱；又铸大四铢，一当两；后罢去，复铸五铢，与汉钱同。又有面文"孝建"，背文"四铢"，则孝武帝铸。其后稍去"四铢"，专为"孝建"。废帝时，铸二铢钱，郭为重轮。又铸小钱，谓之鹅眼。再劣者谓之綖环，文俱曰"小泉直一"，有篆书真书二种。此外又有文曰"永光"及"景和"者，一重三铢，一重二铢，皆废帝时铸。

梁武帝铸五铢钱，一有好郭，谓之公式女钱；一无好郭，止谓之女钱，又有定平一百钱，面文无"定"字，右"一"，左"百"，下"平"普通中，铸铁钱，有面文"五铢"，背文四出；及"大吉""大通""大富"五铢，背文亦俱四出。敬帝时又有太平钱多种，文曰"太平百钱"，有篆有隶，有径一寸、七分、六分者，有重一铢、四铢、六铢者，背有水波文、龟背文及周绕云物者。

陈文帝改铸五铢，以一当鹅眼之十。又改铸鸡目五铢，与北魏宣帝、西魏文帝鸡目五铢相似。又有"布泉"数品，宋阙名之《钱谱》云："布泉，陈文帝元嘉二年铸，一当百，与五铢并行。""大货六铢"宣帝铸，以一当五铢之十，有二种，背无文。

北魏有"太和（或作泰和）五铢"及"永安五铢"两种。前为孝文帝铸，后为孝庄帝铸。

北齐有"常平五铢",文宣帝铸也。

北周武帝铸"布泉",一当五,其文左"布"右"泉",作玉筋篆,与陈"布泉"作柳叶篆者不同。武帝又铸"五行大布"与"布泉"并行,其花纹甚异,凡有鸟雀、花草、七星、龟蛇、宝剑等种种文饰。宣帝时又铸"永通万国"及"永通泉货"诸品,皆一当十也。

隋文帝铸五铢白钱,用镴和铸,故钱色白。又铸小五铢,径三分,凡八九万,才盈半斛,与蜒环钱同。

八、唐以后钱 周钱齐刀,其文曰"货";莽币,曰泉,曰刀,曰布;吴亦曰"泉";晋曰"货泉";陈及北周曰"布泉";唐以后皆曰"宝"钱文之著年号,始于晋孝武之"太元货泉";南北朝间,或有或否;自唐而下,则莫不著年号者。新君即位,即另铸新钱,历代皆然。故钱币自东汉以后,形式统一;晋以后,开著年号之风;唐以后,则文字统一,而名称亦统一矣。至于年号之异,则文字了如指掌,无庸赘述。名称虽同,又有小异:一曰通宝,如"开元通宝"是;一曰泉宝,如"乾封泉宝"是;一曰重宝,如"乾元重宝"是;一曰元宝,如"大历元宝"是。自后咸不出其范围,皆作始于唐也。述钱币止此。

又前人著录,钱币以外,并及钱范,其价值亦与钱埒。

按钱范,《唐书》谓之钱模,其类有三,不可不辨。其阴字反书,无范边,有凹道支流,可以入铜铸钱者,为真钱范。阳文,正字,有峻边,有高鼻,无凹道,而磨其背可以鉴者,为钱范镜。阳文,正字,峻边,不能铸钱,而小其底,或有款识,或有斜格者,为钱式,为小洗之属。虽概名为钱范,而其实则大异也。然真钱范,其制多以土为之,类于转,所谓范金合土是也。其他为镜,为洗,则无有以土制者,可决其非真范也。

第二节　玺印（封泥附）

玺印之始——秦玺——汉印——古印体制——古印字画——古印制法——古印吉语——封泥

玺印之说，伊古有之。昔黄帝得龙图，中有玺章；汤克夏，取玺书置座右。《周礼》："货贿用玺节。"郑注："玺节，如今之印章。"此玺印之始也。蔡邕《独断》以玺为古者尊卑共之，而其制俱不传；传者自秦始。秦天子玉玺六，汉诸侯王黄金玺、列侯印、丞相将军章。厥后惟天子称玺，臣下通曰印章，是为官印。兹分别述之如下：

《汉旧仪》云："秦以前民皆以金银铜犀象为方寸玺，各服所好。秦以来，天子独称玺，又以玉，群臣莫敢用也。"晋卫宏亦云："秦以前，民皆以金玉为印，唯其所好。秦始皇时，天子独以玉，号称玺，臣下莫敢用玺。"潘伯寅曰："自三代至秦皆曰鉩，即古玺字，从金从尒声。玺，有土者之印。"（《齐鲁古印捃言》序）案玺为有土者之印，语本《说文》,其说未确,容详于后,此不先赘。

秦制六玺,文曰"皇帝行玺""皇帝之玺""皇帝信玺""天子行玺"。其后灭六国,得赵氏蓝田玉,命丞相李斯篆,玉人孙寿刻之,以为国宝,方四寸:一作龙文,曰"受天之命,皇帝寿昌";一作鸟篆,曰"受命于天,既寿永昌"。今见于薛氏《款识》,其文玄妙淳古,有龙飞凤舞之态,真摹印之祖也。又秦代玉玺之钮,亦甚可玩,盖不如此,不足以助玺之观瞻也。蔡邕《独断》云:"皇帝之玺,玉螭虎钮。"即指此也。

又印章之称,亦始于秦,《集古印格》序云:"始皇恶玺之音与死同,遂易称曰宝,曰印,曰章。"(见薛氏《款识》引)其实皆印类也。其制初无一定,大者数寸,小至累黍。官玺多白文而形大,私玺多朱文而形小,文字皆古错可观。

秦传国之玺,历代以为国宝,今皆不存。又有小玺,文曰:"疢疾除,永康休,万寿宁。"白玉盘螭钮。顾氏《印谱》国子博士文寿承云:"玺以九字成文,制作精妙。其书乃李斯小篆,无毫发失笔,非昆吾刀不能刻。其文亦非汉以后,决为秦玺无疑。"旧藏朱伯盛家,倪云林诗云"匣藏数钮秦朝印,白玉盘螭小篆文",即指此也。按此印曾入倪氏清秘阁,今不知流传何所矣。

汉承秦制,少有变更,印章亦然,惟文字稍异耳。罗振玉《玺印文字征》序云:"古玺印文字,其在周季者,为古文之一体,专以摹印,故与古文或异。及汉两京官体印信,则易篆势之婉曲繁缛而为简直方正,其体近古隶书,往往省变,违六书之正。"今存汉印,其文字以"简直方正"为多,罗说是也。

周秦古玺

汉官印犹分三等:曰玺,曰印,曰章。惟诸侯王犹得称玺,然其所谓玺者,名称而已,按其体制,与印章同。比二千石以上皆银印,其文曰章,故《汉书·朱买臣传》:"视其印,会稽太守章也。"师古曰:"《汉旧仪》云:银印皆龟钮,其文曰章。谓刻曰某官之章也。"比六百石以上皆铜印,则但曰印。然亦不尽一律,亦有列侯、偏裨,混称印章者。其制,大不过数分,至大亦仅寸许。应劭《汉官仪》称"孝

汉晋官印

武皇帝元狩四年通令官印五分",是其明证;今存汉印皆如此。

今所传汉官印,大抵只刻官号,上下一律。至于私印,则姓氏名字,颇不一致,兹就陈兰甫《摹印述》之说,摘举如左:

古人名印,其文曰"姓某",曰"姓某印",曰"姓某之印",曰"姓某私印",曰"姓某印信"。二名则曰"姓某某",曰"姓某某印";其"印"字在"姓"下,回文读之也,单名者不得回文读也。有称臣者曰"臣某"。二名则曰"臣某某"。不加"姓",亦无"私印""之印"等字。

古人字印,曰"姓某某",又有加"氏"字者,曰"某氏某某"。古多两面印,一面姓名,一面曰"臣某"(凡称臣者必两面印)。或一面姓名,一面姓字。亦有一面姓名,一面作吉语者。

古无道号印。古姓名印无加地名者。

古人封书印文曰"某某启事",且有作韵语者,曰:"姓某某印,宜身至前,迫事无闲,愿君目发,印信封完。"

古官印不过方寸,私印尤小,然无小如豆如今人者。

古有子母印,空其中而藏一小印也。

古印皆正方,少长方者。

古铜印之体皆扁（即两面印亦扁），或兽钮（兽头或正，或左顾，无右顾者），或龟钮，或瓦钮，鼻钮，其贯钮必横。

以上言私印之体制。其综述印文之字画者，如——

古印字画，疏密肥瘦均匀者为多。其不均匀者，其斟酌尽善处也；不均匀乃其所以为均匀也。

古铜朱文印，其字方正，而多逼边，边与字画相留相等，或较字画稍细。

古朱文小印，多阔边细画，其字往往破碎，诡异不可识。然甚奇妙。

古印多有半白文、半朱文，或三白文、一朱文者，其章法一片浑成，骤观之，朱文亦似白文，其妙如此。

汉代制印之法有二：一曰铸印——铸印又有翻沙、拨蜡二法，其体则无甚别。二曰凿印——亦名急就章。军中以急于封拜，草草凿成之。其稍整者，世或别谓之刻印，其实一也。元吾丘衍《学古编》曰："汉魏印章皆用白文，大不过寸许。朝中印文皆铸，盖官爵封拜，可缓者也。军中印文多凿，盖急于行令，不可缓者也。古无押字，以印章为官职信令，故如此耳。"

汉代公私印章之文字，除一般有封号者，他无非吉语也。上述秦"受命"两玺及九字小玺，实亦吉语，大概此风秦已有之。汉公室之印，有"建明德，子千亿，保万年，治无极"十二字金印，亦犹秦九字小玺也。至于寻常私印，有一面姓名，一面吉语者，有两面俱为吉语者。其吉语作"日利""大利""大年""长乐""常富"等等。又有文字较多者，如云"宜官内财""日人千石""宜官秩，长乐吉，贵有日"诸如此类，不一而足，皆不出于利禄之外，志趣之卑，一至于此。后来虽满心利禄之人，亦断不肯作如此率直之语。汉代臣民，或犹有直道存焉者乎？

上述秦汉之印，下逮六朝，初无大变。隋唐以后，则了无古意，仅以笔画曲屈为能事，吾丘衍所谓："汉有摹印篆，其法只是方正，篆法与隶相通。后人不识古印，妄意盘屈，且以为法，大可笑也。"且后世官制地理，详于史书，隋唐后印，流传既少，无裨考订，概从略云。

玺印之外，又有封泥。考封泥之所以重，以其有古玺印文字也。故封泥之物，实与玺印相表里。而官印之种类，较古玺印为尤夥；其足以考正古代官制地理者，为用至大。吴式芬之《封泥考略》，罗振玉之《齐鲁封泥集存》俱详言之。至考证封泥之为物，则莫详于王静安先生之《简牍检署考》，兹节录其说云：

古人以泥封书，虽散见于载籍，然至后世，其制久废，几不知有此事实。段氏《说文注》（十三下）至谓周人用玺书印章，必施于帛，而不可施于竹木。……

案《说文（十二）·土部》："玺，王者之印也，以主土，从土，尔声，籀文从玉。"段氏注曰："盖周人已刻玉为之。曰籀文从玉，则知从土者古文也。"段注以玺为古文，其说甚是。唯许君谓玺以主土，故从土，则颇有可疑者。

古者上下所用印章，通谓之玺，玺非守土者所专有。窃意玺印之创，在简牍之世，其用必与土相须，故其字从土。《周礼·职金》："楬而玺之。"用玺于楬上，非用封泥不可。《吕氏春秋（十九）·离俗览》："故民之于上也，若玺之于涂也，抑之以方则方，抑之以圆则圆。"《淮南子（十一）·齐俗训》亦云："若玺之抑埴，正与之正，倾与之倾。"《续汉书·百官志》："少府官属有守宫令，主御纸笔墨，及尚书财用诸物，及封泥。"封泥二字，始见于此，古人玺印，皆施于泥，未有施于布帛者。故封禅玉检，则用水银和金为泥，天子诏书则用紫泥，常人或用青泥。（《御览》六百六引《东观汉记》。）其实一切黏土皆可用之。

宋赵彦卫《云麓漫钞》（十二）云："古印文作白字，盖用以印泥，紫泥封诏是也。今之米印及仓廒印近之。自有纸，始用朱字。"案古印但以印泥，其说甚确。唯印文之阴阳，则颇不拘，今周秦古玺，多作阳文，惟汉印多阴文；故封泥之文，亦有阴阳二种。赵氏之言，未尽确也。

唯印泥之废，与印绢纸之始，殊不可考。《周礼·载师》："宅不毛者出里布。"郑司农云："布参印书，广二寸，长二尺，以为币，贸易物。或曰：布，泉也。"后郑则用后说。若如前说，又不知所谓布参印书者，为于布上施印乎？抑以泥附于布上而印之也。

惟汉时门关之传，用木之外，兼用缯帛，《汉书·终军传》"关吏予军繻"是也。《古今注》谓"传皆封以御史印章"，则缯亦当用印，或竟施于帛上，亦未可知。

自后汉以降，纸素盛行，自当有径印于其上者。唐窦泉《述书赋》（下）："印验则玉斫胡书，金镌篆字。（中略）古小雌文东朝周颛。"唐代流传之古迹，仅有绢素，则晋周颛之印，当施于其上矣。

至南北朝而宋印之事，始明著于史籍。后魏中兵勋簿令本曹尚书以朱印印之，又令本军印记其上，然后印缝。（《魏书·卢同传》）后齐有"督摄万机"印一钮，以木为之，此印常在内，唯以印籍缝。（《隋书·礼仪志》）而梁陆法和上元帝启文，朱印名上，自称司徒。（《北齐书·陆法和传》）盖印泥之事实，与简牍俱废矣。

　　右言封泥之由来与其运用，大率汉以前，玺印必施于泥；后汉以降，不皆于泥；至南北朝之终，则与简牍俱废，而惟用于绢纸；直至今日，盖未尝异也。

第三节 兵符

兵符之始——历代兵符之制

古兵符之传世者始于秦,即周牙璋之变相也。全体作伏虎形,分左右,其合面,有两边相反之凹凸金银错,腹背有郡国、军名、次第号数,及合同之字,间亦有涂金者。其遗品,大抵只左或右之一边,间亦有左右面为锈所结合成双者,然极少见。秦汉之制,右留于京师,左给于郡国;国家发兵时,遣使者持此以为信,所谓发兵符也。此物战国时代已极盛行,《史记》载魏公子无忌使如姬盗晋鄙符,即其例也。王静安先生论历代兵符之制云:

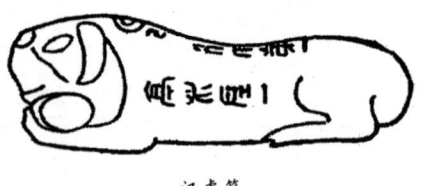

汉虎符

兵符之制，古者皆右在内而左在外，又左右之数各同。三代不可考。《曲礼》曰："献粟者执右契。"郑注："契，券要也，右为尊。"契以右为尊，符节可知；尊者在内，卑者在外，亦可知也。秦虎符"右在皇帝，左在阳陵"，盖用古制。汉则文帝二年初与郡国守相为铜虎符、竹使符。师古曰："与郡守为符，右留京师，左以与之。"则右内左外，与秦制同。颜注又引应劭曰："铜虎符第一至第五，国家当发兵遣使者，至郡合符，乃听受之。"此藏于内者也。《文选·潘元茂〈册魏公九锡文〉》云："授君金虎符第一至第五。"此颁于外者也。是内外之数同也。今传世汉以后诸符，如：汉魏郡太守虎符（嘉定瞿氏藏），东莱太守虎符（潍县陈氏藏），玄菟太守虎符（海丰吴氏藏），渔阳太守虎符（吴县吴氏藏），长沙太守虎符（同上）及王莽厌戎敦德二符，胁文皆云"左二"。汉常山太守虎符（潍县陈氏藏），则云"左三"。晋上党太守二符，一云"右二"，一云"左二"。是左右数同之证也（左右各五）。

隋兵符亦然。吴县蒋氏藏隋虎符八，吴氏藏隋符二，又有一符，不知藏谁氏，共十一枚。其中右符六：曰"右御卫相原四"，曰"右御卫永昌二"，曰"右御卫美政五"，曰"右翊卫天井一"，曰"右翊卫石桥二"。（按所举只五，不知上何以言六。)左符五：曰"右御卫安昌四"，曰"右武卫白松二"，曰"右屯卫温阳一"，曰"右屯卫清湖四"，曰"左屯卫赤城五"。孰内孰外，虽不可考；然左右二符，各有第四第五，则左右之数，亦当相等，如秦汉以来制也。

兵符之制，至唐始大变。《大唐六典》载铜鱼符，王畿之内，左三右一；王畿之外，左五右一。左者进内，右者在外。不独左内右外，左右之数，亦各不同。

宋符则兼用古制与唐制二者。《玉海》(八十二)载康定元年八月二十四日，端明殿学士李淑等言，参酌古制，定铜符形制。上刻篆文，曰：某处发兵符。下铸虎豹饰而中分之：右符五，左旁作虎豹头四；左符一，右旁为四窍，令可契合。又以篆文相同，侧刻十干字为号。右符留京师枢密院，左符降付诸处。庆历元年罢。然则宋符右内左外，与秦汉同；而内五外一，则用唐制。

自来兵符之制度，即此可观矣。(《记隋铜虎符》)

此言宋以前之制也。至"元之虎符，俗名虎头牌。汪元量《水云集·湖州歌》云：'文武官僚多二品，还乡尽带虎头牌。'关汉卿《闺怨》《佳人拜月亭》杂剧云：'虎头儿金牌腰内悬。'则当时本谓之牌，不谓之符。雅言谓之虎符，名虽古，制则非矣"。(《元铜虎符跋》)

第四节 镜鉴

汉镜之制作——历代镜铭及图像

镜即鉴也。《说文》云："镜，取景之器。"《玉篇》云："鉴，镜属也。"后人亦通用之。大率汉魏以上称镜，如"尚方作竟"之类；唐宋间称鉴，如"灵鉴""宝鉴"之类。昔周武王铭词云"以镜自照见形容，以人自照见吉凶"，遂开镜铭之始。今所存者，莫古于汉。其形多为正圆；偶有作方形者，殆为例外。镜面全极平滑，所以照鉴容颜；而图像文字之千变万化，悉在镜背。镜背可分缘、外区、铭带、内区、乳、钮诸部。而钮及钮座与乳及乳座，亦有多种不同之花样。过去国人对此研究者不多，而日人则致力甚勤。就图像而言，汉镜有素文、细线锯齿文、雷文、夔凤、内行花纹、重圈文、叶文、双叶文、神兽、兽带、画像、盘龙、鼍龙、兽形、星云文、变形文诸种。制作精致，殊可远也。其时所制，除民间日用品外，则有地方官造以贡献于皇室者。正史载政府置三工官（考工室、右工室、东园匠），首都之工官岁费五千万，蜀之工官岁费五百万。当时宫室之盛，用者之多，每年出品之数，谅必可观。而传于今者，以作于后汉为多；惟前汉所造，其工作或高出于后汉上也。铭文多颂祷之词，亦殊可味，略举如下：

汉铜镜

尚方御竟大毋伤，巧工刻之成文章。左龙右虎辟不羊，朱鸟玄武顺阴阳。子孙备具居中央，湅（借作锻）治银锡清而明。长保二亲乐富昌，寿敝金石如侯王。（汉尚方御镜。或有至"子孙备"而止，余同。盖铭文本只四句；以尚有余地，故赘此三字也。）

尚方作竟真大好，上有仙人不知老。渴饮玉泉饥食枣，浮游天下敖四海，寿如金石为国保。（汉尚方仙人镜。或有至"浮游天下"而止，则以镜小而不能具刻全铭也。）

许氏作竟自有纪，青龙白虎居左右，圣人周公鲁孔子，作吏高迁车生耳。郡举孝廉州博士，少不努力老乃悔。吉。（汉许氏镜。按此铭颂祷以外，兼作勉励之词。"车生耳"者，《汉官仪》引古语云"仕宦不止车生耳"也。崔豹《古今注》："文武车耳，古重较也。文官青耳，武官赤耳。"）

龙氏作竟四夷服，多贺君家人民息。胡虏殄灭天下复，风雨时节五谷孰。蒙禄食，长保二亲子孙力，得天福。（汉龙氏镜）

湅治铜锡清而明，以之为镜，因置文章。延年益寿去不祥，与天毋极如日光，千秋万岁长。（汉千秋万岁镜）

汉有善铜出丹阳，和以银锡清且明。左龙右虎主四彭，朱爵玄武顺阴阳。八子九孙治中央。（汉八子九孙镜。按"汉有善铜出丹阳"者,《汉·食货志》云:"金有三等:黄金为上,白金为中,赤金为下。"注,孟康曰:"赤金,丹阳铜也。"可知其善矣。又铭中"彭"即"旁"字,"爵"即"雀"字。)

角王巨虚曰有熹,照此明镜成快意。上有龙虎四时置,长保二亲乐毋事。子孙相息家富就,玄天毋极受大福。(汉角王镜。按"角王巨虚"者,言匈奴部落之大也。《后汉·南匈奴传》云:"其大者左贤王,次左谷蠡王,次右贤王,次右谷蠡王,谓之四角。次左右日逐王,次左右温禺鞮王,次左右斩将王,谓之六角。"故汉印有"四角羌王""四角胡王",此镜概言角王,则四角、六角皆可用之。)

以上所举,皆铭文之复杂而文采可观者。此外又有两种:一,铭文甚简;二,但有图像。其铭文甚简者,如汉天王日月镜,但环刻"天王日月"四字,凡十二列,盖言周一岁皆天王之日月,又循环无穷,此颂祷之意,殆汉宫中物也。又如汉十二辰镜,但有"子丑寅卯辰巳午未申酉戌亥"十二辰字。其尤简者,如"君宜长官""位至三公""日利大万""家富千金""延年益寿""长宜子孙""见日之光,长乐未央",殆如汉印之吉语,其志趣之卑,同出一辙!

其无铭文,而但有图像者,或作"人物画像",或作

六朝回文镜

"双凤双狮",或作"海马蒲桃"(大率取天马徕自西极,及张骞使西域,得蒲桃归之异欤?),或作"七星"(旧以为"七乳"镜;然七乳无所取义,宜名七星镜,与古泉文合也),或作"四乳四神",盖亦多有寓意焉。

至于图铭兼具者,其所刻奇禽异兽、奇花异木、神仙男女、乐器杂具,无不精美绝伦,皆汉画之上品也。铭文篆隶俱有,亦均古质自然,别自风格,虽不逮彝器款识之有裨于考古,亦不失为吉金文字之佳品也。

右所述者，皆汉镜也。新莽及魏晋间物，初无殊致，惟不逮汉制之精耳。魏晋以后，最可玩者，莫如六朝之回文镜。按苏蕙于前秦苻坚时作回文锦，遂开齐梁之先，一时效作此体。冯氏《金石索》所录有二：其一，八字，曰"镜发菱花，净月澄华"，一字一花相间，回环往复，无不可读。共得：正读四言八首，又首尾交加正读五言八首，又首尾交加正读五言八首，又回文读五言八首。其一，十六字，曰"发花流采，波澄影正，月素齐明，鉴秦逾净"可回文，不能脱卸读，故首尾之间，有一花隔之。然其制虽巧，其词未佳。

此外又有"灵鉴"一品，铭云：

美哉灵鉴，妙极神工。明疑积水，净若澄空。光涵晋殿，影照秦宫。防奸集祉，应物无穷。悬书玉篆，永镂青铜。

又有"娇来镜"一品，铭云：

团团宝镜，皎皎昇台，鸾窥自舞，照日花开。临池似月，睹貌娇来。

上两品铭词之俊美，与汉镜之但有颂祷吉祥之语，迥然不侔。六朝靡丽之风，虽镜鉴小品，亦莫不被焉。

隋镜制作不如两汉之精，铭词亦差逊六朝之后，甄录一品如下：

仙山并照，智水齐名。花朝艳采，月夜流明。龙盘五瑞，鸾舞双情。传闻仁寿，始验销兵。（隋仁寿镜。按隋文帝自开皇九年灭陈，混一南北。至仁寿时，销兵之效已验。此云"传闻"，盖犹在仁寿后也。）

唐镜制作皆精，尤以"二十八宿"二品最为巨丽。其一铭文似符似字，不能尽识；其一有篆铭五十四字云：

长庚之英，白虎之精。阴阳相资，山川效灵。宪天之则，法地之宁。分列八卦，顺考五行。百灵无以逃其状，万物不能遁其形。得而宝之，福禄来成。

此与汉镜之吉语不甚相远。又有作绝丽之词，不亚六朝者，如云：

规逾璧水，彩艳兰釭。销兵汉殿，照胆秦宫。龙生匣里，凤起台中。桂舒全白，莲开半红。临妆并笑，对月分空。式固贞吉，君子攸同。（璧水镜。冯氏云：桂舒全白，莲开半红，直唐人丽句，不减《初月赋》。）

凤凰双镜南金装，阴阳各为配，日月恒相会。白玉芙蓉匣，翠羽琼瑶带。同心人，心相亲，照心照胆保千春。（凤凰双镜。冯氏云：其铭词香艳，旖旎动人，似温李手笔，真可味也。）诗云：鸾镜晓匀妆，慢把花钿饰。真如渌水中，一朵芙蓉出。

(芙蓉镜。按是镜如千叶莲花，一瓣一字，以"出"字为钮。)

亦有作警戒之词者，如云：

赏得秦王镜，拚不惜千金。非关欲照胆，特是自明心。（秦王镜）

光流素月，质禀玄精，澄空鉴水，照迥疑清。终古永固，莹此心灵。（素月镜）

镜铭：貌有正否，心有善淫。既以鉴貌，亦以鉴心。自警。（鉴心镜）

忆彼菱花，万形惟肖。无迎以将，有明而照。余日反视，惟公何负！嗟乎虚心，媸者忘怒。（八卦菱花镜）

其他隋唐之间，尚有多品，或无文字，或非铭词。如鼍龙镜、雁传书镜、菱花镜、八卦镜，皆无文字。如"出瑞图"镜，"荣启期"镜，"真子飞霜"镜，皆非铭词，而图像则皆精绝。

五代十国之时，前蜀有"当眉镜"，其铭词绝丽，书作小篆，文曰：

炼形神冶，莹质良工。如珠出匣，似月停空。当眉写翠，对脸传红。绮窗绣幌，俱函影中。（按脸即脸，幌即幌，函即涵。《池北偶谈》云："考张君房《丽情集》，载前蜀王衍事，凤州天雄军节度使王承休妻严氏有美色，王衍爱幸之，赐以妆镜，铭词正与此同。《吹影集》以为其结字奇古,语亦娟娟深秀,的为徐庚手笔,非唐宋诸家所逮。"则古有是镜,王衍以赐严氏耳。)

宋以后镜,殊鲜佳品,或仅记年月制作之人名,或但有粗率之图像,而无铭刻之文字。如宋元祐罗汉镜文云:"宋元祐癸酉孟秋既望,鲍公淳依禅月画像,以七宝庄严敬造大阿罗汉一十八身。"宋政和郝氏镜文云:"政和元年正月十一日,益都官工郝元造。"又如金汶阳县八角宝花镜,任城县六生宝花镜,韩州主簿镜,则但记"验讫官匠"字样,了无古意。其余但有图像而无文字者,更不能定为何代也。

其略有铭词,较可玩赏者,如太平镜铭云:"安邦定国,天下太平。"寿星镜铭云:"清静宁庆,积善之家。"清素镜铭云:"清素传家,永用宝鉴。"(外层)"福寿家女。"(内层)又有一镜,刻《满江红》词,词咏雪梅,清隽颇类宋人,其词云:

雪共梅花,念动是、经年离拆。重会面,玉肌真态,一般标格。谁道无情应也妒,暗香埋没教谁识?却随风、偷入傍妆台,萦帘额。

惊醉眼,朱成碧,随冷暖,分青白。叹朱弦冻折,高山音息。怅望关河无驿使,剡溪兴尽成陈迹。见似枝而喜、对杨花,须相忆。

此外又有刻廋语者，如轩辕镜，两边篆文云："轩辕推法造丹药，百炼成得者身昌。"中间楷书十三字："人有十口，前牛无角，后牛有口，走。"殊不可解，以意推之，或拆字诀耳。"十口"者，"甲"也。"牛无角"者，"午"也。"牛有口"者，"告"也。"告下"加"走"，必"造"字矣。盖按甲午造之意，取阳日也。

又有刻道家语者，如七星神象镜，有一联云："七星朗耀通三界，一道灵光照万年。"亦有刻梵文者，或数字，或数十字不等。中央多刻一"佛"字，或其他咒语者，盖准提镜也。

按镜鉴之物，自两汉以来，宇内流传，家有其器，数量之多，难可算计。梁启超氏以为"比其年代，观其款识，可以寻美术思想发展之迹"。余谓读其铭文，亦可窥见历代社会心理之一斑也。

第五章 古器之厄

第一节 毁坏

毁坏之始见——历代毁坏之记录——明代之毁坏

古铜器之厄,有二大端:一为毁坏,一为伪造。而伪造虽可乱真,考古者犹得以鉴别之,其厄尚小;惟一经熔毁,则万劫不复,观宋代著录之器,今存者百不一二,可推知也。按铜器之毁坏,在春秋时已然。《左传》襄十二年:"季武子……入郓,取其钟以为公盘。"又襄十九年:"季武子以所得于齐之兵,作林钟,而铭鲁功焉。"此即毁坏之作俑也。秦汉以后,乃有大量销毁之举,其劫难之重,不仅如所谓焚琴煮鹤而已。清潘祖荫《攀古楼彝器款识自序》谓铜器自周秦至今,曾经六厄;而随时沉霾毁弃、盗铸改为者尚不与焉。晚近交通大开,国内既无专院以事搜藏,而帝国主义者巧取豪夺,古物大量偷盗出国,昔之丰富者,今转涸竭,又不独铜器为然矣。潘氏之言曰:

古器自周秦至今,凡有六厄。

《史记》曰:"始皇铸天下兵器为金人。"兵者戈戟之属,器者鼎彝之属,秦政意在尽天下之铜,必尽括诸器可知。此一厄也。

《后汉书》:"董卓更铸小钱,悉取洛阳及长安钟簴、飞廉、铜马之属以充铸焉。"此二厄也。

《隋书》:"开皇九年四月毁平陈所得秦汉三大钟,越三大鼓。十一年,正月以平陈所得古物多为祸变,悉令毁之。"此三厄也。

《五代会要》:"周显德二年九月,敕两京诸道州府铜像器物诸色,限五十日内并须毁废送官。"此四厄也。

《大金国志》:"海陵正隆三年,诏毁辽宋所得古器。"此五厄也。

《宋史》:"绍兴六年,敛民间铜器。二十八年,出御府铜器千五百事付泉司。"此六厄也。

其后明思宗时,亦尝毁历朝铜器铸钱。《烈皇小识》:"上又将内库历朝诸铜器尽发宝源局铸钱,内有三代及宣德年间物,制造精巧绝伦,商人不忍旧器毁弃,每称千斤,愿纳铜二千斤,监督主事某不可,谓古器虽毁弃可惜,我何敢私为轻重!商人谓宣铜下炉尚存其质;三代间物,则质清轻之极,下炉后惟有青烟一缕尔,此则谁认其咎?监督谓圣情猜疑甚重，若如公言，必增圣疑；如三代物不便下炉，则有监督内官公同验视，罪不在我。"夫以一国之主，其识乃不及一商人，此则真堪浩叹者矣！

第二节 伪造

作伪之始见——宋代辨伪之著述——明清仿古伪造之盛行

以上言毁坏之事;其有作伪以乱真者,盖亦始于春秋。《吕氏春秋·审己篇》:"齐攻鲁,求岑,鲁君载他鼎以往,齐侯弗信而反之,为非。"此则作伪之不能取信也。

《史记·封禅书》载方士新垣平言于汉文帝曰:"周鼎亡在泗水中,今河溢通泗,臣望东北汾阴直有金宝气,意周鼎其出乎?兆见不迎,则不至。"于是上使使治庙汾阴,南临河,欲祠出周鼎。人有上书告新垣平所言气神事皆诈也,下平吏治,诛夷新垣平。又《汉书·郊祀志》载汉武帝元鼎元年,得鼎汾水上,乃改元为"元鼎"。此明系新垣平伪造古鼎,埋于汾阴,冀欺人主而取富贵。不图人发其奸,卒被诛夷;而伪物至武帝时始出也。(史书虽不言其伪,然《史记·封禅书》于元鼎四年六月于汾阴后土祠旁得鼎,乃记:"天子使使验……得鼎无奸诈。"可知元年受欺，后有戒心矣。)

魏晋六朝作伪之风甚盛，惟多偏于经籍，而器物则罕闻。唐刘蜕辨铁盎之非齐桓公器，语载《阙史》，疑即时人伪造。宋代高原古冢，获古铜器甚多，而作伪即出其间。《金石学录》称："张世南著《宦游纪闻》，内辨古器款识及颜色、制度极详备。又赵希鹄著《洞天清录》，辨古钟鼎彝器更精审。陶南村推二书之论古金，粲然具备，洵不虚矣。"盖鉴别之学，即起于伪器之搀杂也。

明人伪造之法甚精，《格古要论》论"伪古铜"云："用酽醋调硇砂白傅新铜器上，候成蜡茶色或漆色或绿色，入水浸后，用糯稻草烧烟薰之，以新布擦光，棕刷刷之。伪朱砂斑，以漆调殊为之。"当时风景之盛，甚至有南北二派之分。《宣炉汇释》云："施家，万历天启间人，与学道（嘉靖时人）皆称北铸。……蔡家，苏州人，称苏铸，与甘文堂同时。（甘文堂，金陵人，万历末年以鼓铸名，称南铸。)"明末清初间，有周文富、汤子祥二家，亦称好手，见秦东田《宣炉说》。乾隆以后，此风愈盛。《宣炉汇释》又云："自乾隆后……苏州伪造起，花样翻新，多无所本。……继打磨厂者，更有东大市。"（俱在北平）同、光时，陈簠斋收养精于伪造者如胥芰泉、田雨驯、王西泉及何昆玉、何瑗玉兄弟于其门。其乡（山东潍县）能手尤多，有范寿轩、屏书堂、赵允中、王荩臣、李玉彬、李玉堂、胡廷贞、潘承霖、王海、李懋修等。济南则有胡麻子、胡世昌，陈西则有苏亿年、苏兆年、凤眼张，苏州则有顾湘舟等。（见商承祚《古代彝器伪字研究》，《金陵学报》三卷二期）盖士大夫好尚所趋，一时风气使然。而对于古器之捣乱，则其罪亦不减于毁坏者也。

第三编 说石

第一章 名义制度

古代石刻，曰刻石，曰碑碣，曰墓志，曰塔铭，曰浮图，曰经幢，曰造像，曰石阙，曰摩崖，曰买地莂，凡一十种。因流讨源，循名核实，可得而说也。又石经、题名、画像三者，世咸以与碑碣摩崖同列，非通论也。按石经为刻石之一例，《后汉书》称"刻石立于太学门外"，《隋志》称"汉镌刻七经，著于石碑"，《唐书》称"依汉蔡邕刊碑立于太学"，实皆碑也，特以所刻而异其称耳。至于题名、画像，则碑碣、摩崖、幢柱、石室，无不有之，亦因所刻而异其称，不得于石刻中别立一名也。

刻石

《史记·秦始皇本纪》载始皇东巡，刻石凡六，上邹峄，上泰山，登琅琊，登之罘，之碣石，上会稽，多云刻石，或刻所立石。又称二世东行郡县，尽刻始皇所立刻石，李斯等请具刻诏书刻石。此刻石之名所由昉也。其所以纪功述事，昭示方来，作用与三代之勒鼎彝一也。龚自珍《说刻石》，言古者刻石之事有九：

帝王有巡狩则纪，因颂功德，一也；有畋猎游幸则纪，因颂功德，二也；有大讨伐则纪，主于言劳，三也；有大宪令则纪，主于言禁，四也；有大约剂大诅则纪，主于言信，五也；所战、所守、所输粮、所瞭敌则纪，主于言要害，六也；决大川、浚大泽、筑大防则纪，主于表方，七也；大治城郭宫室则纪，主于考工，八也；遭经籍溃丧、学术歧出则刻石，主于考文，九也。九者国之大政也，史之大支也。或纪于金，或纪于石。石在天地之间，寿非金匹也。其材巨形丰，其徙也难，则寿侔于金者有之。古人所以舍金而刻石也与？

若夫文人学士书体之美，魏晋以后始以为名矣，唐以后始以为学矣。南唐、北宋始刻于石，以为天子右文，儒生好古，颇在于是矣。名为帖，治帖为专门，其事则非刻石伦也。祠墓之碑，一家之事，又非刻石伦也。此二者宜更端以言者也。

按龚氏以九事为刻石之正；后世祠墓之碑及书家法帖，皆非其伦，其言诚是。惟刻石之流而为碑，碑之流而为帖，亦人事艺术自然之演进，未可泥古以非今也。

碑碣

《仪礼·聘礼》："东面北上，上当碑南。"郑注："宫中必有碑，所以识日景，引阴阳也。其材，宫庙以石。"此一义也。《礼记·祭义》："既入庙门，丽于碑。"郑注："丽犹系也。"孔疏："君牵牲入庙门，系著中庭碑也。"此一义也。《释名·释典艺》："碑，被也，此本葬时所设也，施鹿卢以绳被其上，引以下棺也。臣子追述君父之功美，以书其上。后人因焉，故建于道陌之头，显见之处，名其文，谓之碑也。"此一义也。至后世立碑，但以述德纪事，失其本矣。故龚自珍《说碑》曰："庙有碑，系牲栓也；刻文字，非古也。墓有碑，穿厥中而以为窆也；刻文字，非古也。刻文字矣，必著族位；著族位矣，必述功德。夫以文字著族位，述功德，此亦史之别子也。"又叶昌炽《语石》曰："凡刻石之文皆谓之碑，当自汉以后始。"又曰："欧阳公《集古录》跋云：'至后汉以后，始有碑文；欲求前汉时碑碣，卒不可得。'是则冢墓碑，自后汉以来始有也。"自是以后，其制始大，其体始繁，《语石》"立碑总例"云：

综而论之，立碑之例，厥有四端：

一曰述德：崇圣、嘉贤、表忠、旌孝，稚子石阙，鲜于里门，以逮郡邑长吏之德政碑是也。

一曰铭功：东巡刻石，登岱勒崇，述圣，纪功，中兴，叡德，以逮边庭诸将之纪功碑是也。

一曰纪事：灵台经始，斯干落成，自庙学营缮，以逮二氏之宫是也。

一曰纂言：官私文书，古今格论，自朝廷涣号，以逮词人之作是也。

举此四例，若网在纲。此外石刻，为碣，为表，为志，为荝，为石阙，为浮图，为幢，为柱，为摩崖，为造像，为井阑，为柱础；其制为方，为圆，或横而广，或直而修，或觚棱，或荦确，皆非碑也。

此古人立碑之制也。至后世以名家书迹刻于石而名曰帖，则始于南唐后主之《昇元帖》。其刻专以存书为主，无与上述四例，但为艺术鉴赏之一端，所谓其事非刻石伦也。惟今人碑帖不分，凡刻石之文，统呼为碑；及墨而拓之纸，则又统呼为帖。是不可以不辨，爰特附论于此。

又古人碑碣并称，《说文·石部》："碑，竖石也。碣，特立之石也。"其义本无二致。《后汉书·窦宪传》注："方者谓之碑，圆者谓之碣。"柳宗元述唐时葬令云："凡五品以上为碑，龟趺螭首。降五品为碣，方趺圆首。"则以其形之方圆主之品级为别也。然自来刻石，罕有以碣名者。惟自唐以来世所称岐阳石鼓，明郭宗昌《金石史》正其名曰"石碣"，其制上小而下大，顶圆而底平，四面有略作方形者，有正圆者，刻辞即环刻于四面，殆即所谓碣也。至如后世立石，魏然巨制，实碑而题曰碣，是则既乖本义，未足为训也。

墓志

墓志，不知究始于何时，龚自珍《说碑》曰："仁人孝子，于幽宫则刻石而藏之，是又碑之别也。"王昶《金石萃编》曰：《西京杂记》称前汉杜子春临终，作文刻石，埋于墓前。《博物志》载西京时，南宫寝殿，有醇儒王史威长葬铭，此实志铭之始，今皆不传。《广博物志》又载齐武帝欲为裴后立石志墓，王俭以为非古，或谓自宋始（元嘉中，颜延之为王球作墓志，有铭），或谓自晋始（隋得王戎墓铭），或又据崔子玉书张衡墓铭，云东汉时即有之。然汉魏以前墓石，不独今所未见，即欧赵亦无著录。晋始有刘韬房宣两志，仅记年月、姓名、爵里而已。至南北朝，始有文字，后系以铭。盖志石高不过二三尺，横亦如之，圹中为地甚隘，所容止此。故其为文，不过略叙生平梗概，使陵谷变迁，后人可以识其墓处，觇其行诣而已。若文繁，即不能大书深刻，刻之亦易致磨泐，固与神道碑、墓表、墓碣据事直书，畅所欲言者，其例各殊矣。

至其名称，亦有变异者。唐石或称墓碣（程彦矩撰尔朱府君），或称墓记（李简亡女，荥阳夫人王氏）。宋元人多称埋铭（李撰、开赵两刻），或称圹志（张伯颜、赵崇隽），亦有称圹刻者（宝祐元年张损）。唐永贞元年陈义，称墓版文。唐时迁葬者，皆叙于志文之中，而题无异词。惟崔珉为其父文修撰志，题为改葬墓志铭。韦纾为其父撰志（元和十四年），称元堂志（贞元十三年，证禅师铭，姚公素撰，亦称元堂志）。吴景达夫人刘氏，称灵舍铭。燕圣武二年，长孙夫人志，称阴堂文。此则近于好奇矣。（圣武一石，并恐近时好事者为之。）

塔铭

释氏之葬，起塔而系以铭，犹世法之有墓志也。然不尽埋于土中：或建碑，（如嵩山灵云、景贤、同光三塔，其石皆修长。杨岐山广公、甄叔两塔，柳书大达法师玄秘塔皆是。）或树幢，（宋、辽、金、元塔铭，皆八面刻。房山之云居寺，长清之灵严寺尤多，皆树于塔园），其纳诸圹者，或用横石，修一之，广倍之，或方径不逾尺，其通称为功德塔（如灵运禅师功德塔之类）。大历以后，智悟、如愿之类，亦多从世法称墓志。思恒律师称志文，或称方坟记（显庆二年，化度寺海禅师），或称灵塔铭（开元十二年，净业法师），或变铭为颂（安阳慈润寺有□□法师塔颂），或变塔为龛（开元二十六年，景福寺尼灵觉龛铭，宋方山李长者龛记），为石室（隋开皇十五年，比丘尼修梵石室铭），龛下或益以堼字（天宝四载大秦国寺上座龛堼记）。此外有发塔（仪凤元年，光孝寺菩提树发塔记），有身塔（天宝二载，法昌寺主身塔铭；五载，嵩山净藏法师身塔铭），又别为真身塔（唐法门寺真身塔，后晋摩腾大师真身塔），又衍为三身塔（金承安五年，释迦如来三身铭，王瓘书）。安阳宝山祇园，短碣最多，皆隋唐间刻。有灰身塔，有碎身塔，灵慧法师称影塔铭，方律师称像塔铭，当是藏蜕之所，或以火化，兼供影像，彼教所谓荼毗也。唐时刻石，又有窣堵波铭。（宋有绍圣五年，神通寺窣堵波铭。）窣率堵波者，梵言塔也，京即浮图之转音。宋金元时，又有普通塔，或谓之普同塔，京谓之海会塔，乃是僧徒丛葬之碣。其曰祖师塔者，犹儒者之有先茔碑也。（历城神通寺，长清灵严寺，皆有之。）

浮图

浮图，亦作浮屠，华言塔也。然石刻中自有石浮图一种，与诸塔铭不同，与后来诸建塔碑亦不同。滥觞于魏，孳乳于隋，至唐开元天宝间而极盛。然自此戛然竟止，乾元后遂无著录。其制有三级（魏太和十二年，晖法师三级浮图；元象二年，凝禅寺三级浮图）、七级（武成三年，程惠造七级浮图）、九级（隋开皇五年，郭伯□、李延寿等造九级浮图。唐天宝十一载，李晋九级浮图）之殊。其刻有三面（景云二年，高村浮图；开元十八年，孙客奴石浮图，皆三面刻）、四面（李晋一石，分四面刻）、五面（天宝二载，杨瓒造浮图颂，五面刻）之别。其文有记（齐张静儒、成贵珍、唐殷审、董日进四刻，皆称记），有铭（魏比丘道慧、唐冯善廓、薛待伊等，皆称铭），有颂（凝禅寺及唐之王才宾、杨瓒，皆称颂），有赞（石浮图赞，惟开元二十七年一种，仅存残字一面）。惟李晋题为九级浮图像，盖以浮图而兼造像。六朝唐时石刻多有造塔像一种，亦此类。其石分四面刻，三面造像，一面为感悉文。（房山孙氏造像，一面晋子英等为其母乐安孙氏造。）诸刻中，惟魏正光五年孙辽浮图铭，唐开元六年幽栖寺尼正觉浮图铭，皆埋幽之石，与墓志塔铭同；建义元年比丘尼道慧浮图铭，在伊阙，镌于崖壁，与像龛同，在石浮图为变例。

经幢

经幢，陕人通称为石柱；俗亦曰八楞碑，以其八面有楞也。幢顶每面，或有造像，故又呼为八佛头。唐人文字，多曰宝幢，亦曰花幢（大和二年，有龙武军正□，兼押衙□，怀义建花幢）。辽、金多称为顶幢。或以经文，称为尊胜幢子。其制：类皆八面刻，间有六面，或少至四面者。惟开皇五年，王俱造像，至逾十面。高者至逾寻丈（以开元系阳村经幢，龙兴观道德经幢，天宝四载成都铁幢为最巨），小者不过径尺（后唐汇泉寺幢，宋雍匡祚幢，皆极小）。其尤大者，分为三级，如唐之侯陈村[1]稽古寺幢，宋赵州南关石幢是也。（拓本皆二十四幅，每级八面。）其上有盖以覆之，其下为座。唐幢多有八面，经文完好无缺，而无年月题字，盖皆刻于幢座，或下截有余地，即刻于经文之下，以横线界之。

奉佛之士，建幢墓域，谓之坟幢。（咸通辛卯唐安精舍尼澄素，天福七年张敬思，雍熙四年赵郡李恕，皆称坟幢。）唐乾符三年，王夫人一刻，谓之墓铭幢。至辽、金、元释子所造，虽八面刻，其额犹题曰塔铭，无异词。或曰石塔，或曰灵塔，间亦曰圆寂塔，生而建者曰寿塔。他若寺额之敕牒（熙宁四禅寺），山场之界至（元万岁禅院四至幢）、塑像（周广顺三

---

1 "侯陈村"的名称疑为作者笔误，正确名称为"陈侯村"，查自《钦定古今图书集成》。——编者注

年，判官堂塑像幢；宋康定三年，重装观音菩萨铭记幢）、刊经（辽云居寺《续秘藏石经塔记》），皆有八面刻者。惟八面之中，必有两三面刻《陀罗尼咒》及诸真言。坟塔大都四面刻铭，四面刻咒，犹不乖经幢之例。唐有灯幢，亦曰灯台。其制不甚高，约不逾三尺。其文有铭（曹文玉灯台铭），有颂（元氏张尹灯台铭），有赞（保唐寺灯幢赞），前后多刻《尊胜咒》，或刻《施灯功德经》。至宋以后，无灯幢而有香幢，质言之，亦曰石香炉，盖琢石为炉而以八面之柱承之，每面仅刻助缘人乡贯姓名。

至有建幢而不因刻经者，若鲁公《八关斋功德记》，段公《祈岳降雨颂》是矣。并有不关释氏者，如开元十一年，岘山、襄州刺史靳公《遗爱颂》，广明二祀，上谷郡太守陇西公经幢，则《甘棠》颂德之词也。元和十二年，《试院新修石幢记》，则《斯干》考成之词也。长安之郎官石柱，山阳之楚州刺史石柱，则官吏之题名也。曲阳岳庙，华阴金天王庙两幢，遍刻唐宋人题字，则游览之题名也。北岳、中岳皆有醮告文，亦八面刻（北岳，大中祥符八年，白宪书；中岳，天禧三年，刘太初书。皆真宗御制），则青词之滥觞也。夫建幢所以刻经，有其名无其实，亦"觚不觚"之类也夫！

造像

王氏《萃编·北朝造像诸碑总论》曰:"造像始于北魏,迄于唐之中叶。大抵所造者,释迦、弥陀、弥勒及观音势至为多。其初不过刻石,其后或施以金涂彩绘。其形体之大小广狭,制作之精粗不等。"其所在地,以龙门为最著。北魏以来,依山镌佛,华严楼阁,弹指涌现。老君香山宾旸诸洞,莲宫绀髻,辉曜岩扉,奚啻千百!大抵魏造者十之三,唐造者十之七,间有高齐所刻,隋刻仅开皇一通(裴悲明),仁寿一通(年月外,已剥泐)。大业二通耳(李子赟,梁口仁)。龙门以外,巩县石窟寺,已沦于水。唐山龙圣寺,磁州飨堂寺,灵寿定国寺,历城千佛岩、玉函山、黄石崖,嘉祥白佛山,宁阳石门、房山,益都驼山、云门山、兰山,琅琊书院,多者二三百通,少亦数十。西安之华塔寺,邠州之大佛寺,蜀之巴州、简州,晋之平定州,次之。平定州多魏刻,灵寿齐刻,此外皆隋唐间刻,其精与龙门埒。即下至五代宋初,钱塘之烟霞、石屋诸洞,尚多吴越时造像。临朐之仰天山,嘉祥之七日山,皆北宋时刻。南渡以后,佞佛之风始稍息,刻经尚时一见之,佛像皆易以绘塑,镕金少,琢石愈少矣。

其题字之制:摩崖刻者,凿石为龛,题字皆在龛之上下左右；或于座下磨片石，晶莹界方、罨刻其中，唐造像之精者皆如此。若特建大像，而别立碑以记之，如魏之朱永隆，齐之韩永义，及李清报德像，皆是矣。此外有碑像，上层佛龛，其下即为文字。（魏武定张保洛，齐天保刘碑，皆如此。张保洛即题为石碑像。）或于正面造像，而题字在碑之阴侧，一碑有多至三四列者。或深陷为龛，或平刻如画，其旁仍题字，如云某人供养，或云侍佛时，或云供养佛时。其制度差小者，或镌于背，或镌于龛，或刻于佛座。佛座多与像连属，而制亦不同，有刻于前一面者，有四面环刻者。又有四面造像，其制略如幢，亦四面刻之。

所刻之像，以释迦、弥勒为最多，其次则定光、药师、无量寿佛、地藏菩萨、琉璃光、卢舍那、优填王、观世音。龙门有业道像，有多宝像，有自在干像，有贤劫千佛像，有一万五千尊像，有七佛二菩萨像，有一佛二菩萨像。定国寺有阿閦像，有弥勒下生像。其余有七佛宝堪，有天宫像，有太子像，有越殿国像，有伽蓝像，有毗沙门天王像，有卢舍那法界人中像，有摩诃迦叶廿四佛像，有白玉思维像，有不高佛像。宋以后，始造罗汉像，南北风气如一。元造像，惟武林湖上诸山有之，其名不雅驯，有金刚手菩萨像，有多闻天王像，又有麻曷葛剌佛，大抵皆番僧、蒙古、色目人为之。观之可以见历代风气之变迁焉。

石阙

石阙,有庙门之阙,有墓门之阙,统而言之,皆神道之阙也。汉庙阙有四:嵩岳居其三(太室,少室,开母庙),华岳居其一(西岳庙神道阙题字,《金石录》云:永和元年五月)。其余皆墓阙也。制度亦不同:高颐阙,立两石为门;王稚子阙,一垒石五层,岿巍上锐,如窣堵波状。叶封《嵩阳石刻记》言开母庙阙,以石条垒砌如垛,而空其中。观牛运震《金石图》所绘,横石六层,高八尺五寸,阔五尺五寸,厚一尺八寸。太室少室,高广相等。大凡石阙,空处皆有画像,或在阙之两旁,如武氏石阙及兰山南武阳两阙(一元和三年,一章和元年)皆是。又凡阙多东西相对,其孑然独立者,或亡其一耳。其制盛于两汉,多在蜀中,晋阙著录无几,梁阙皆在金陵。自是戛然而止,隋唐以下,盖阙如也。

摩崖

《金石索》曰:"就其山而凿之曰摩崖。"其所刻文字,无不有之。如桂林诸山,诗赋、赞颂姑勿论。唐宋平蛮诸碑、韩云卿舜庙碑、经略赵郎中德政碑、曾三聘神道碑,巍然巨制，实皆碑也。晋豫齐鲁间，佛经造像，亦往往刻于崖壁。张子韶书《论语·问政章》，司马温公书《家人卦》，吾儒亦援其例。盖摩崖犹碑也，为通称，为虚位，亦为刻石之纲，其文字则条目也。孙星衍录晋阳山摩崖，赵之谦录奇石山摩崖，若推求其文字，亦必有著录之名，而不当即以摩崖标目也。且碑之有文字，始于秦汉；而周之"吉日癸巳"，即摩崖刻矣。推而之上，海东之锦山古字，黔南之红崖古字，远在商周以前，亦皆摩崖也，则碑为后起矣。

地莂

《释名》："莂，别也，大书中央，破别之也。"古人造冢，设为买地之词，刻石为券，纳之圹中。汉时或刻于砖，《语石》称太仓陆氏藏有建宁元年马氏兄弟买山莂，即冢中砖也。或大字摩崖，越中有汉大吉山地记，建初元年造。洛中出晋杨绍买地莂，太康五年造。其词云："大男杨绍，从土公买冢地一邱，东极阚泽，西极黄滕，南极山背，北极于湖，直钱四百万，即日交毕，日月为证，四时为任。泰康五年九月廿九日，对共破莂，民有私约，如律（即律字）令。"唐宋以后，亦间有出土，《语石》录南汉马二十四娘、伪齐朱近及大中刘氏、乔进臣诸墓券，谓其词大抵荒诞不经，鄙俚可笑，文字刻画，亦殊草率。盖人家营葬，向土公买地，古代风俗如此。其制滥觞于晋，盛行当在唐中叶以后，观钱大昕《养新录》所引周密《癸辛杂识》及元遗山《续夷坚志》所载，可以知矣。

杂类

上述石刻之名，凡一十种。其他或镌于桥柱，或镌于井阑，或镌于柱础，或题于神位，或题于食堂，或题于石人、石狮、石炉、石盆等物，邾莒附庸，昔人亦颇甄录，兹亦著于篇云。

桥柱 司马题桥，未闻刻柱。江南水乡，所在多有，大抵横列桥石，旁斫楹联及年月建造等字。然从无椎拓，亦未有著录。盖桥柱石质粗劣，刻必不精，且舟楫往来，拓亦未便，所由绝无拓本欤？至于诸家著录，则为建造碑记（《语石》所录，亦皆此类）。窃意当以镌于桥柱为限，碑记不得隶于此也。

井阑 亦当以镌于井阑为限，其凿浚碑记，不得隶也。孙氏《访碑录》载梁天监八年一刻，其最先矣。北平慈仁寺，有唐开成井题字，或曰伪托。《语石》称所见唐井二通，一天宝八载造，其又一通，则碑而非阑也。其在江浙郡邑，南宋以后，始有题字，《语石》录宋咸淳、绍熙，元大德三通最精，余皆残泐，或无年月。

柱础 柱与幢异：石幢八面有觚棱；石柱平方，四面皆可刻字。汉孝堂山石室石柱，有唐人题字，此柱在先，刻在后。精蓝巨刹，长廊广殿，亦往往琢石为柱，或题佛号，或题天尊号，或即刊施钱姓氏，唐宋以来，传拓尚多。近世则此外更多有刻楹联者，然其石大都未经磨莹，即摹拓亦难佳也。

上言柱也。础则如元氏开化寺白玉石柱础，有题名两列，沈西雍考为北周刻，莫古于此矣。吾宁紫微山广福院（天圣三年），嘉定菩提寺（建炎二年），长洲宝林寺（淳熙十五年），亦皆有柱础题字，见于孙赵两录。又有幡竿石，亦柱础之类，孙氏所收，即有三刻：一嘉祐三年，汶上宝相寺；一崇宁三年，泰安王母池；一宣和二年，泗水三殿庙；因石柱而连类及之。

神位 赵明诚《金石录》，有四皓神位神胙几，共四石，在汉惠帝陵旁。曲阜有祝其卿、上谷府卿两坟坛，皆居摄二年造。虽不与神位同，刻石以祀之，一也。盖神位刻石，其所自来远矣。又按济宁有汉"朱君长"三字石刻，蜀有"上庸长"三字，窃谓古人质朴，期思之爱，但书其官职、姓名以祀之，亦石主之类也。

食堂 即飨堂也。古时祠墓，建堂以为享神之所。乾嘉以前，金石家无著录；清末始有永元八年一刻、永建五年一刻、建康元年寿贵里文叔阳一刻，皆山左新出土。

石人 《水经注》载汉郲食其庙石人，胸前有铭云："门亭长。"今曲阜鲁恭王庙，亦有两石人：一胸前刻曰"府门之卒"，一刻"汉故乐安太守麃君亭长"十字。孙氏《访碑录》：中岳庙前石人，顶上亦有题字，则《语石》以为汉石人题字，皆在胸前，无在顶者，疑系后人增刻。其他魏大基山石人题字，曰"甲申年造，乙酉年成"，似郑道昭笔。嘉祥洪山石佛，其腋有"唐大和七年"题字。余未闻也。

石狮子 南阳县宗资墓前石兽，膊上有刻字，左曰"天禄"，右曰"辟邪"，相传以为汉刻，此其滥觞也。东魏元象初，有王全泰《造狮子记》，恐未必镌于石狮。唐天祐四年，王延翰铸狮子香炉题字，疑系石香炉之作狮子形耳。其余元刻，孙氏《访碑录》录大德一石，《语石》录元贞、泰定及年月残泐者三石。

石香炉 宋时香炉，承以石柱，名曰香幢，石灯台之类也，前于经幢已言之。旧金石家，于此不甚分析，统谓之石香炉而已。孙氏所收晋天福八年李宾彦一刻最古。宋金元各有著录，未知其为六面八面之柱欤？抑无柱之炉也？

石盆 华山玉女洗头盆，无题刻。苏东坡雪浪盆，在定州学舍，其铭云："画水之变蜀两孙，其不传者归九原。异哉驳石雪浪翻，石中乃有此理存。玉井芙蓉丈八盆，伏流飞空漱其根。东坡作铭岂多言，四月辛酉绍圣元。"其盆围径二丈一尺四寸，其文五十六字，周围刻之。昔人著录，此为最著，盖物以人重也。

第二章 文字图像

石刻文字，上述碑志等之兼为文体名外，自儒释经典，以至诗文杂著，几于无一不备，其源流体制，亦可得而言也。曰六经，曰佛经，曰道经，曰封禅，曰诅盟，曰诏敕，曰符牒，曰投龙，曰典章，谱系，曰界至，曰医方，曰书目，曰题名，曰诗文，曰书札，曰字书，曰格言，曰吉语，曰题榜，曰楹联，曰符箓，曰玺押。图像则有画像，有地图，有礼图。凡二十有六种。

六经

汉之熹平，魏之正始，唐之开成，宋之嘉祐，西蜀孟氏，南宋高宗，皆尝有石经之刻。今惟开成十二经（无孟子），存西安府学，尚为全本。此外只存残石，或仅存残拓孤本。汉石经，据董迪、洪迈所记，高一丈，广四尺。其经数，《后汉书·灵帝纪》《儒林传序》《宦者传》，皆云五经；

《蔡邕传》《儒林传》《张驯传》，则云六经；《隋书·经籍志》又云七经。据今人之考证，实为《易》《书》《诗》《仪礼》《春秋》《公羊》《论语》七经也。凡四十六碑，其石久亡。魏正始石经，自宋以来，未闻著录。其刻，一行古文，次篆，次隶，各一行，所谓三体石经也。清乾嘉年间中州新出土。据今人之考定，为《书》《春秋》，及《左传》至庄公中叶而止。凡三十五碑，今亦仅存残石矣。孟蜀石经，其相毋昭裔所造。自熹平迄开成，只有经文，惟蜀石经有注。据晁公武《考异序》：《孝经》《论语》《尔雅》，广正甲辰张德昭书；《周易》，辛亥杨钧、孙逢吉书；《尚书》，周德贞书；《周礼》，孙朋吉书；《毛诗》《礼记》《仪礼》，张绍文书；《春秋左氏传》，亦为蜀人所书；至宋皇祐中，田元均补刻《公》《谷》二传；宣和间，席益刻《孟子》。凡十三经，皆正书。其石亦亡。宋嘉祐石经，章友直、杨南仲与张次立同篆，一行篆字，一行正字。但有《易》《诗》《书》《周礼》《礼记》《春秋左氏传》，合《孝经》为七，今亦残缺。南宋石经，高宗御书，较嘉祐本，无《周礼》《孝经》，而有《论》《孟》。《礼记》但有《中庸》《大学》《学记》《儒行》《经解》五篇。字多小楷。石存杭州府学，散亡亦不少矣。六经自遭秦火，历代刻石，此为大观。其余官私石刻，唐玄宗、宋高宗有御书《孝经》两本，李阳冰、司马温公、朱张二子，有《易卦》及《礼记》《论语》若干篇章，寥寥天壤，只此而已。以视释氏之刻遍寰宇，真如沧海之一粟矣。

佛经

自白马东来，大启浮屠精舍；至魏太和中，始有造像；然尚未刻经也。佛经之有石刻，大概始于高齐、宇文周时。山西辽州墨登峰（即古辽山县屋骈登。《寰宇记》引《郡国志》云：高齐之初，镌山腹，写一切释经于此）之摩崖，太原风峪砖室之石柱（共石柱一百二十有六，惜皆掩其三面），平定山中崖谷之石碑（太原傅山行平定山中，误坠崖谷，见洞口石经林立，与风峪等，皆北齐天保间字），皆刻于齐天保间。邹峄四山之葛山、冈山、小铁山摩崖，皆刻于周大象中。此为最先矣。以言工程之大，历时之久，有如房山石经，始于隋静琬法师，其徒导公、仪公、暹公、法公，师资相踵，至辽通理大师，尚未蒇事。所刻一千三百余石，厝七石室，瘗一地穴，上建石塔一座。洞门皆镕铁灌之，隔以石檽，碑石或卧或立，尚可窥见。其辟而可入者，曰雷音洞，《法华》《维摩》《金刚》三经贮焉。计共一百四十六石，今世所传房山石经拓本是也。他如安阳宝山、磁州鼓山、唐山龙圣寺、中山法果寺刻石之《般若》《华严》《莲华》《法华》诸大部经，卷帙浩如烟海，所传拓本，皆不过一鳞片甲耳。

刻经有三：其一摩崖，其一经碑，其一即经幢也。摩崖皆大字，齐鲁间最多。泰山绝顶，有《金刚经》全部；徂徕山映佛岩，有《大般若经》，皆齐武平中主子椿所刻。邹峄之间：尖山，亦武平中刻；前述葛山、冈山、小铁山诸经，皆固大象中刻，世谓之"四山摩崖"。其字径尺，在石经中为最伟矣。其刻于碑者，如上述房山石经是。或刻于碑之阴侧，如齐隽修罗碑，其阴为《维摩经》；唐李弼徽、丁思礼造像，其阴皆刻多《心经》，此其证也。隋以前无经幢，宋以后无摩崖。（惟元居庸关一刻。）唐一代刻经建幢者十之七，建碑者十之三，刻于崖壁者，所见不过三四通耳。

唐人喜刻《陀罗尼经》，大中之后，或单刻咒，又降而刻诸杂《陀罗尼》。其余《金刚经》《心经》《观音普门品经》，亦尚有刻本，未闻刻四大部经者，后人踵事不如前人，此其一也。然辽时房山续刻藏经，即当宋政和间。苏州虎丘之灵岩寺，有宋刻《普门品经》；杭州之六和塔，有《四十二章经》；句容之崇圣寺，有《金刚经》，亦皆宋刻；释氏之一灯，未尝熄也。至元至正中，尚有蒙古、畏吾、女真、梵、汉五体佛经，在居庸关山沟内，佛经著录，盖以是刻为殿焉。溯自北朝以来，自四大部以逮《金刚》《尊胜》常刻之外，所造者非一经，经非一石，据《语石》所载，尚有四十余种。佛法广大，无量无边，于以叹象教愿力为甚深也。

道经

六经之于释氏，已不逮远甚；道藏之刻，抑又次焉。《道德经》至唐中叶，始有刻石。邢台有一本。易州龙兴观有三本：其一即开元御注石幢，其一景龙二年张脊行造，其一景福二年王处存书。广明一本，在焦山，宋高宗御书，一石已亡。此外惟终南山楼观有两本，皆元刻：一宪宗五年高翻篆书，一赵孟頫正书，皆刻于京师。道藏充箱照轸，亦不减西来梵叶；而唐以前石刻，惟此一经而已。《常清静经》，一刻于梁贞明，再刻于宋太平兴国五年，与《护命》《得道》两经同一石，皆庞仁显书。此外有《元始天尊说北方真武经》（元符二年，宋溥书），《太上说九幽拔罪心印妙经》（崇德元年，道士李宗颜书），《昇元经》（元宪宗七年，杨聪草书），《太上日用妙经》（至正十二年，正书），《洞元经》（残字，年月缺），其经典皆晚出，书迹亦拙陋，以视释氏诸刻，真有观海之叹。

《道德经》，又有一本，颇似赵书而凝重，世以为右军书，即与山阴道士换鹅本也。书实精妙，不异《黄庭》。盖释经之精者，皆大字而碑为多；道书之精者，皆小楷而帖为多。如玉真公主《灵飞经》，相传为钟绍京书，不失为唐经生笔。褚书《阴符》，柳书《度人经》，亦流传有绪。赵孟頫尤喜写道书，所传有《清静经》《大洞玉经》，皆精品也。

封禅

王氏《碑版广例》曰："古称封泰山者七十二家，勒石千八百余处；今传于世，自秦刻石以外，无闻焉。"唐高宗、玄宗，皆尝东封，玄宗为盛。其文御制御书，摩崖高二丈九尺，字径五寸，题额字一尺九寸，汉以来碑碣之雄，未有逮者。宋真宗登岱勒崇，御制《谢天书述二圣功德颂》，亲洒宸翰以书之。《青帝广圣帝君赞》，亦御制御书。《亭亭山广禅侯敕》并《祭文》，无撰书人，以中岳、北岳御制醮告文例之，当亦真宗御笔也。从臣奉敕撰书者：《封祀坛颂》，王旦文，裴玙书。《封禅朝觐坛颂》，陈尧叟文；《天贶殿碑》，杨亿文；皆尹熙古书。《高里山禅社首坛颂》，王钦若文。以上诸碑，今并在泰安，皆大中祥符元二年刻。穹窿高揭，规模宏伟，想见云亭封禅之仪。此外汾阴有御制

《二圣配享碑》，王旦《祀汾阴碑》，杞县有《先天太后赞》，汉之五畤，不是过已。

诅盟

诅盟，莫古于秦《诅楚文》，赵明诚所录有三本（按秦《诅楚文》，世有三石，赵氏称初得《大沈湫文》于郊，又得《巫咸文》于渭，最后得《亚驼文》于洛，其辞尽同，惟所用以质于神者，则随其号以异），而原刻皆不传。自汉以下，金文为多，石文为少。大抵皆兴蛮夷君长，申明约束之词。马援征交趾，铭于铜柱。后晋天福五年，溪州刺史彭士愁纳土求盟，亦镌状于铜柱。唐乾宁五年，赐钱镠铁券，其文亦盟誓也。石刻只有三碑：一为《唐蕃会盟碑》，一面为回文；一为《长庆会盟碑》，一面为藏文；又一为《大理石城碑》，系南诏段素顺明政三年（当宋开宝五年），遣兵破杨干贞，与三十七部落盟，立此碑。

诏敕

秦始皇帝东巡立石，具刻诏书。汉孔庙《百石卒史碑》，先以臣雄（司徒吴雄）、臣戒（司空赵戒）之奏，制曰可。诏令勒石，莫先于此。唐比干庙有贞观诏，曲阜孔子庙有高祖高宗诏书两道，宋有文宣王加封号诏（大中祥符五年）、《辟雍诏》（徽宗）、《藉田诏》（绍兴十六年，高宗御笔），其文皆施之大典礼。自余通谓之敕：有专敕，有通敕。或奖谕臣子，如唐赐张说、宋谕程节之类；或崇敬缁黄，如少林寺《赐田敕》《还神王师子敕》《楼观褒封四子敕》之类。其文多刻于碑阴，间亦刻于碑之上方。或臣下奏请报可，或先赐敕而后表谢，往往一面刻表，一面刻敕，如青城山常道观碑之类。凡此皆专敕也。若通敕，唐玄宗有《令长新诫》，宋太祖有《戒石铭》，当其如颁行天下，郡邑无不立石。理宗有《训廉》《谨刑》二铭，京诏天下摹勒。徽宗时，颁行天下之石刻最多：有《辟雍诏》《八行八刑碑》《御制五礼记》等，间有御书者，即世所称瘦金体也。元不称敕，通谓之圣旨碑。诸王太子称令旨（鄠县草堂寺有阔端太子令旨碑，泾阳有旭烈大王令旨碑），后妃称懿旨（隶易州皇太后懿旨碑，曲阜皇妹大长公主懿旨碑）。其通敕，则至元三十一年有《崇奉孔子诏》，大德十一年有《加封孔子制》，至顺二年有《加封启圣士及王夫人制》《加封文宣王夫人亓官氏制》《加封亚圣父母制》《加封孟子亚圣公制》《加封复圣、宗圣、述圣、亚圣四公制》，当时皆刻于石，孙氏著录有多至数十石者。

诏敕之外，唐有告身，宋有告词，初皆藏于家庙；后裔荣其祖父以彰君赐，或摹而刻之石；或后人得前人之名迹而汇刻之，当时未闻有刻石者，故石本绝少。如明隆庆间刻唐之告身（以颜鲁公所书朱巨川一通为最著），及西湖岳庙绍兴《复官告身》是也。

符牒

符牒，隋以前未有也。唐嵩山少林寺牒（武德八年）、奉先寺牒（开元十年），其最初矣。此外惟大中五年《敕内庄宅使牒》，亦为唐刻。宋牒视唐倍蓰，金牒又多于两宋。钱大昕《跋广福院牒》云："凡寺院赐额，宋初由中书门下给牒；元丰改官制以后，由尚书省给牒，皆宰执亲押。金则仅委之礼部，而尚书侍郎并不书押，惟郎官一人行押而已。但宋时寺院，皆由守臣陈请，方得赐额；金则纳钱百贯，便可得之。盖朝廷视之益轻，而礼数亦替矣。"此大定一朝敕牒所由独多欤？诸牒或刻于碑阴，或刻于碑之下方。凡牒必奉敕宣付，故其文辄云"准敕故牒"。金石著录，亦敕牒互称。大抵各为年月，或迟之数十年而后刻，或百余年而后刻者，又皆有刻石之年月。宋制，敕牒之外，又有公据，以绍圣四年戒香寺一通为最古。南宋著录，指不胜屈。其制不上请，即由所在官司给付。以上皆施于寺院也。

此外有省劄，有部符，有使帖。省劄给于尚书省，部符给于礼部，使帖当给于常平茶盐诸司。此类石刻，亦至南宋始有之。又陕西府谷县有政和二年十一月尚书省指挥，吴郡江阴县有建炎、绍兴复军二指挥，亦牒文也。（前有准状云云，后有某年月日，奉敕故牒，尚书省官下押字，其体例皆同。惟其额题曰复军指挥，冠以年号；牒文之末，又有伏候指挥字；故著录家因而书之，非牒文之外，别有指挥也。）施于军旅者，牒文外亦称劄子，王氏《萃编》载景祐二年永兴军中书劄子一通，前列户部侍郎知河阳军范雍奏，末云：右奉圣旨依奏，劄付永兴军准此者，盖由中书门下奉旨宣付军州也。

投龙

投龙记，张燕昌《金石契》载吴越王龙简，范银为之。至刻石之文，则但有道流姓氏，及设醮年月，非投之深渊者也。隋以前未闻。唐乾封间，仰天洞王知慎《投龙记》为最古。至按其文云：天授间，复有金台观主马元贞一刻（在济源）。按其文云："大周革命，奉敕往五岳四渎投龙"，则当时所刻，不止一石矣。今存唐刻，尚有董灵宝两石（一见赵录，开元二十一年，在肃宁；一见孙录，开元二十三年，在泰安）

及新出大房山《投龙璧记》（开元二十七年，张湛文），赵居贞《投龙璧记》（出山左，无年月。按孙录云门山《投龙诗》，天宝七载赵居贞撰，当为一人一时事）。自乾元迄天水之末，仅有大中祥符九年，华阴张怀彬一刻。元时，嵩高有两刻（一大德十年王德渊记，一皇庆二年吴全节书），济源有六刻（中统五年李□国，至元七年李惟深，十二年袁志远，大德六年李思诚，延祐元年周应极，泰定元年周天大，并见《中州金石记》。周应极一刻，赵文敏书，最精），大抵皆道流之所作，其石皆在名山广渎。观济渎诸碑，皆曰投龙简记，而张湛、赵居贞两刻，则曰龙璧，知古时祭告岳渎，循用沉璧之仪。其刻简有文字，自唐以后始。

典章

典章，犹规约也。诗云："不愆不忘，率由旧章。"考汉之《西岳华山碑》，孔庙《乙瑛》《史晨》诸碑，兼叙品节仪制甚详，即所谓旧章也。至专刻一石而揭之，则始于唐之济渎庙《杂物铭》，宋之桐柏淮源庙《规约》，则又笾豆司存之义也。范文正以义田赡族，其规约，后政和七年范正图书，元至元甲午，裔孙邦瑞、士贵重刻，其石今犹存吴中义庄。此一类也。大观《圣作碑》，后列告诸士十一条；嘉定元年王介《宁远记》，为大学葬远方士子而设，后列祭葬守冢之制三则；庆元中，吴学有《义廪规约》；以上关于庠序多士，又一类也。略阳县灵岩，有宋淳熙辛丑，邑令王某，刻《仪制令》十二字曰："贱避贵，少避长，轻避重，去避来。"上刻"仪制令"三大字；临朐沂山东镇庙，有金大安三年《禁约碑》；临桂有经略范公《劝谕》；此为后世告示勒石之滥觞，又一类也。

谱系

古时宗法未亡，族葬掌于墓大夫。墓道之中，意必有刻石志其昭穆之兆域，而今亡矣。惟浙之余姚，新出汉《三老讳字忌日记》，具详生卒年月，皆在汉建武中。道光丙午，许州民穿井，得冢中砖文五通：一曰"济宁陈祚"，一曰"从掾巨鹿魏昕"，一曰"后殿虎贲梁国张兴□"，一曰"武勇掾乐安肥范"，一曰"高阳北新城邵巨"，皆魏青龙二年造。赵之谦曰："盖造冢时，记亡者年月，与《三老忌日记》同意。"唐宋祠墓之碑，往往有于碑阴刻其祖孙世系，或并及官阀者，皆此例也。又元时即寺院之碑，其阴亦多有宗派图，旁行斜上，曲折分明，亦礼失求野之意欤！

界至

界至刻石，汉已有之。《语石》载莒州新出汉碑，四面刻字，隶书古拙，剥泐过半，即其词句相属者绅绎之，盖经界碑也。释氏谓之大界相，如唐永泰二年，丰乐寺《大界相碑》有云："从此住处大院墙东南内起，仍还至大院墙东南内角止。"年月之下云："结此寺大界。"末一行云："其日结此寺为遍蓝净。"又宋景祐五年，明州保安院《大界相碑》云："从此院外东南角石标外竹篱内角起，仍还至院外东南角石标外竹篱内角止。"下即云："此是大界相。"后有"秉大界羯磨，秉净地羯磨"诸僧。四正四维，循环曲折，还相为宫，在石刻中自为一例。所谓大界相者，质言之，四至而已。元至元十六年，有天真观《四至题字》；大德三年，有月华山林泉禅寺《四至碑》；至大二年，有浮渡山华岩禅寺《修造四至记》；大旨皆具列东西南北所至之地。但分四柱直叙，非如界相为禅门之规律；盖一为世法，一为出世法也。

医方

医方刻石，莫古于龙门师道兴造像方，尚是齐武平六年，刻列龛之四围始遍。唐耀州亦有一刻，无年月标题，与师道兴方略同。其余见于诸家著录者：江少虞《类苑》，有西岳莲花峰断碑《齿药方》；李元纲《厚德录》，载陈尧叟官广西转运使，以验方刻石桂州驿舍；谢氏《待访录》引《名胜志》云："宋范质子旻知邕州，尝刊疗病方书于宣化厅壁。"以上三石皆不传。今所存者，惟宣和四年，晋江吕谓所刊《养气方》，尚在刘仙岩崖壁耳。名山石室，当不止此也。

书目

书目之刻石者，杭州府学有西湖书院《重整书目记》，元泰定元年，山长陈袤记。诸城有至正十年，密州《重修庙学碑》，秦裕伯文，碑阴列书目一百一十部。此外隆平有程珏《书楼记》（大德八年），琼山有乾宁儒学《置书记》（至正十一年，罗益中文），意此两石，或亦有书目列于碑阴，如密州之例；但无拓本，未敢臆说。姑求其次，宋刘敞《先秦古器记》（嘉祐八年），吉金之目也。辽云居寺《续秘藏石经记》，后列《首楞严经》等四十余帙，则亦《藏经》之目录也。

题名

题名之风，始于汉而盛于宋，碑碣摩崖，湖山佳处，游览所及，率有留题，姓名年月，偶得为考证之资，故自来金石家颇著录之。汉代石刻，如《韩敕碑阴》，有熹平间项伯修题字；《仓颉庙碑额》，亦有题名两列，皆汉人也。孝堂山石室，自汉而晋而魏，至北齐天保，累累林立，惜皆剥蚀。王氏《萃编》惟载第三第六两石。第六石云："平原湿阴邵善君，以永建四年四月二十四日，来过此堂，叩头谢贤明。"详其词，似吏民甘棠之思。第三石云："泰山高令明，永康元年十月二十一日，敬来观，记之。"亦似太史公之谒阙里。《仓颉碑额》云："左冯翊东牟平陵衡君，讳□。"又云："熹平六年五月二十八日，出奉钱二百。"夫曰"君"，则非衡君所自题，盖亦出钱之人，以补阴侧所未及。《韩敕碑阴》，义亦如此，与唐宋题名不同。按自来题名，考其纪年，两宋为多，即唐贤亦不过百一。苏文忠笠屐所至，最好留题，以党禁多镌毁。南宋以后，士大夫渡江而南，临安、江、皖、闽、蜀、楚、粤之区，或请祠归隐，或出守左迁，林壑徜徉，自题岁月，其词典雅可诵，其书皆飘飘有凌云之气，每一瞻对，心开目明，如接前贤謦欬。

又有名为题名，而与纪游之迹，迥然不同，一则官吏之题名也，一则科举之题名也。汉碑阴侧，书佐掾史姓氏，实为官吏之滥觞，然私立而非官立，且其意主于颂府主，或出奉钱而已。唐西安御史台精舍，及郎官石柱，官吏题名之最古者。宋元以来，亦有存焉。进士题名，始于唐之雁塔。观王定保、孙光宪所记，想见曲江释褐，为一时盛事，不知何以遂无片石。宋元以后，所在多有。乡举题名亦然。

诗文

被于碑者，皆文也。传志、箴铭、颂赞之类，文之中有事在，不徒以其文也。至如唐柳宗元《永州八记》，其地在零陵，而蜀刻之；樊绍述《绛守居园池记》，其园其池，鞠为茂草矣，后人又从而刻之；元结《中兴颂》，美唐德也，宋时一刻于剑州，再刻于资州：若此类者，皆重其文也。诗之刻石，滥觞于北魏郑道昭之《云峰山诗》，以前无闻也。唐宋以下，登高纪游之作，或摩崖，或刻于碑之阴侧，皆与题名杂然并列，有不胜录者。大抵石刻诗篇，颇有世所不恒见，可以补历朝诗选之缺。又如楼异《嵩山三十六峰赋》，僧县潜书；易祓真《仙岩赋》，在融县；梁安世《乳床赋》，在临桂之龙隐岩；并皆佳妙。此三人皆无集行世，赋选亦不收，赖石刻以传耳。诗余，巴州有《水调歌头词》，刻于崖壁，无撰人年月，大率宋人之笔。其次则唐括夫人之《满庭芳词》，米芾书秦观《踏莎行》，其词其书皆妙。

书札

长笺短启，江左擅长；后人之刻石者，如南唐之《昇元帖》（南唐李后主出秘府珍藏，命徐铉刻帖四卷，于昇元二年三月，建业文房摹勒上石），宋之《淳化阁》（太宗诏翰林侍书王著将阁中所藏汉魏、晋唐名贤墨迹及《昇元帖》，摹刻禁中，厘为十卷）、《太清楼》（徽宗大观中刻石，总二十二卷，又名《大观帖》）、《淳熙阁》（孝宗淳熙十二年，诏以御府所藏淳化旧帖，重刻石于禁中。又以南渡后所得晋唐遗墨，摹刻《淳熙秘阁续帖》十卷）诸帖，转展钩摹，惟重书迹，录碑者弗尚焉。颜鲁公与郭仆射书，王氏著于《萃编》；孙氏《访碑录》，有《奉使蔡州书》；究其实，亦后来所摹刻，帖类而非碑类也。苏、黄、米、蔡诸家与赵文敏，墨妙如林，亦当以此例别之。惟浙之金华县，有陆游与圮公禅师八札，刻于《重修智者广福禅寺记》之阴（嘉泰三年）；桂林水月洞，有庆元丁巳杜思恭所刻放翁手迹，共书一通，诗七首；此两刻庶几碑版文字。以长洲叶氏收藏之富，所录止此。

字书

字书之刻石者,约有四类。吴皇象书《急就篇》,真草并列,明吉水杨氏得残本,以宋仲温书补之,刻于松江郡学,此字书石刻之最古者。梁武帝得王羲之书《千字》,命周兴嗣次韵为文,又诏令萧子云写进,是《千字文》在梁时已有两本。隋智永写真草《千文》八百本散于世。唐初,欧、褚各有一本。隋唐三家,俱有石刻传世。此外,篆书有宋梦英一本,草书有唐怀素、张旭,宋石曼卿三家,书有元吴志淳一家,行书有赵文敏一家。自后书家,多喜为之,未易悉数。以上《急就》《千文》,字无复出,次韵成文,为一类。

唐刻开成石经,并刻唐元度《九经字样》、张参《五经文字》;宋晁公武撰《蜀石经考异》,亦刻于成都。此皆附经而行者也。山东滋阳,有《韩诗外传》残石,此与经别行者也。以上二者,直接有裨于经学,为一类。

唐颜元孙《干禄字书》(颜鲁公书),初刻于吴兴。宋高宗御书《礼部韵略》,真、草二体,嘉定十三年陈汶摹刻。两石并佚。又刘球《隶韵》十卷,亦上石,不知流转何所。郭忠恕有篆书《说文偏旁字原》,在西安府学,世不甚珍之。以上依韵分部及《说文部首》,为一类。

此外又有释文一类,亦字书之属,又可别而为二:一释古文奇字及篆隶草书，一释古外族之国书，然不必尽刻于石也。其刻于石者，石鼓文有元至元十六年潘迪音训，附于原石。汉溧水《校官碑》，至顺四年单禧释；褒斜部君《通道碑》，宋绍定五年晏袤释，并刻于碑阴。唐绛州《碧落碑》，咸通十一年郑承规释，亦刻于碑阴。释草书者，唐怀素之《藏真》《圣母》诸帖，明文氏刻本；孙过庭之《书谱》，析津安氏刻本，皆有释文。辽、金、元国书碑，往往下截刻译文。——以今字读古字，谓之释；以此国之文读彼国之文，谓之译；其实一也。唐梵经幢，一行梵文，一行真书，亦释文也。西夏《感通塔碑》，相传碑阴即释正面国书。以上两种为又一类。

格言

《魏志》裴松之注："明帝诏曰：先帝昔著《典论》，不朽之格言，其刻石于庙门之外及太学。"虽《典论》但属论文，未可谓之格言；然其意在垂训方来，或亦格言刻石之滥觞也。（按两石皆佚。）其后，宋至和元年，有裴袗正书《小学规》，嘉祐八年，有李寂篆书昌黎《五箴》，并在西安府学。南宋有朱协极分书《中庸》格言，在华亭县学。有录史传之文以垂戒者，如张安国节书汉《疏广传》戒子弟语,及唐《卢坦传》对杜黄裳语。《疏广传》刻于淳祐元年,《卢坦传》刻于宝庆丙辰,皆在苏学。至于《太上感应篇》及《阴骘文》之类,则近世楷书精刻,所在多有;虽涉迷信,其意未尝不善也。

吉语

金文之"子孙宝用",瓦当之"延年益寿""宜子孙""有万意",吉语之滥觞也。孙赵所录,皆古砖文。蜀中有"寿山福海"铁器二,皆宋时造。惟石刻不多见。唐有李北海书"景福"二字,在高要七星岩,龙门有"福德长寿"四字,又有陈抟书"福寿"字,赵夔夫篆书"寿禄"二大字（宝庆三年,在中江县峰崖）,泰山、鼓山、苍玉洞均有大"寿"字。前人著录,止此而已。

题榜

题榜之字,汉魏刻石绝少。晋"灵崇"二字,世称葛洪书,亦相传云尔。云峰山郑道昭所题字,如"白云堂""青烟寺"之类,庶几其滥觞欤？唐颜鲁公、李阳冰,皆以此擅场。苕溪之"浮玉"字,青原之"禠关"字,临桂之"逍遥楼"三字,皆鲁公书也。苏州虎丘"生公讲台"

四篆字，及括苍之倪翁洞、黄帝祠宇两石，不题书人姓氏，相传以为阳冰笔。此体摩崖者多，勒碑者少。唐宋以下，崖壁题名之处，一亭一石，往往锡以嘉名，而大书深刻于石。如《武溪深碑》阴，有东坡书"九成台"额；琼州有浮粟泉洄酌亭，亦苏书。嵩山有蔡元度书"达摩面壁"之庵额。米元章书，有盱眙"第一山"三字。其余名胜之处，名迹亦所在多有，不胜备录矣。

楹联

楹联刻石，寥寥罕觏。孙氏《访碑录》，有寇忠愍分书"但知行好事，不用问前程"十字。临桂弹子岩，有晋安李滋为乡人林元之书"安分身无辱，知几心自闲"一联，篆书，其款则分书也。福州鼓山有一联云："爵此郭令公，历中书二十四考；寿如广成子，住崆峒千三百年。"杭州孤山岁寒岩亦刻之。此外惟鼓浪屿"浪击龙宫鼓，风敲梵刹钟"一联而已。至于海内祠宇亭台之镌于石柱者，则难可数计，又当别论者也。

符箓

符箓，道家言也。衡山《岣嵝碑》，昔人谓是五岳真形，此符篆之最古者。甘肃巩昌郡廨，有《五岳真形图》石刻，明洪武中刻；其下方有跋已漫漶，云汉武帝得之西王母。每一图下，有岳神名号，及神所职掌之事。敕勒之文，唐人所刻，皆纳之幽窀中，大小与墓石略同。《语石》录有四通，其符文或在上截，或居中，或四面环刻于边际；题字或有或否。南汉马二十四娘墓券，其前亦有符篆一行，盖唐时风俗如此。宋以后亦多有之，如孙氏《访碑录》录《祖天敕》一道，政和六年九刻（即济渎庙灵符碑，徽宗御制，孙录重出。陆氏《金石续编》作济渎庙祖天符告，即此刻也），在河南济源县。陆氏《金石续编》，又收耀州五台山《仙乐云篆记》，徽宗御书，当亦符篆之类也。

玺押

《秦王告少林寺教》"世民"二字，为太宗亲押，此石刻有押之始。柳应辰题名浯溪者四，熙宁六年十月一刻，后有押字。华山元丰五年赵谅题名，其末"赵谅记"下，亦有押字。资州东岩有《草堂诗》一首，无年月姓名，后有草押，似"桂"字。博山玉皇宫，有宋四帝御押，宣和七年刻石，附以释文。钱唐石屋洞造像一龛，磨刻"胡"字于上，下有押，似出元人笔。此外唐宋秘阁法帖，经进诸臣，往往皆有押字，如《乐毅论》之"权异""褚遂良"是矣。宋金寺院敕牒，三省列衔之下，各系以姓，姓下书押，即古所谓画诺也。然列衔不过三四人；惟唐玄宗御书《石台孝经》，后列晋国公林甫等姓名，各有行押，多至四十五人，押字之多，无过此刻。

画像

画像刻石，昉于前汉。文翁石室礼殿，画古圣贤像。赵邠卿自营寿藏，图季札、子产、晏婴、叔向四贤，并为赞颂，此必琢石纳诸圹，或伐石树阙以刊之。《水经注》载金乡有司隶校尉鲁恭冢，巨野有荆州刺史李刚墓，墓前石室，皆有画像，今皆不可得见矣。朱鲔一室（亦曰朱长舒），残泐已甚。今世所传者，惟孝堂山武梁祠为最古，亦最完。孝堂山石室画像，凡十石，在山东肥城县西北六十里，旧释是郭巨石室。有永建四年永康元年题字。所绘有人物、冠服、禽鸟、楼阁、车马等等。《山左金石志》引申兆定之言曰："按画像，大都雕刻圣贤古事，及其人所历官职。……此画像中，驺骑步卒，大车、属车、鼓车，仪卫甚都，虽无题识，要非郭巨墓中应有。而斩馘献俘、覆车堕河二段（第三石第五石画此事），亦非无谓而作，意者即为墓中人实录，未可知也。"武梁祠画像，在嘉祥县南武宅山。正祠三石，石五层；前石室十五石；后石室、左右室皆十石；东西两阙各二石，祥瑞图二石，新出土者九石。所绘有圣贤节孝事，然亦有夏桀、须贾、张禄诸人，盖以古为鉴。贞淫美恶不妨并列也。又有孔子见老子画像，凡二石，一即出武宅山，黄易迁之于济宁学宫；一出宝应县东七十里射阳聚，后为汪中取归江都。此外据叶奕苞《金石录补》及洪颐煊《平津读碑记》所载，又有洪福院画像，伏尉公墓中石画像，董君、路君、范君、邓君、王稚子诸阙画像，鲁峻墓祠壁画像，李翕黾池五瑞画像，及齐鲁村落间出土之残泐画像，其数尚多，率无年月可考。大抵汉代极重鬼神，墓有碑而祠有室，碑刻文字，而室壁则盛张画本，鱼龙禽兽，牛鬼蛇神，以及古代圣贤之遗事，墓主平生之官迹，皆为其图绘之材料。观其雕琢之工细，人事之描写，实艺术及考古之重要取资也。至于李唐以后，则人物、山水、树木、花卉、飞禽、走兽，皆有图刻于石者；意徒在画，世不甚重，不备述矣。

地图　礼图

上述画像，艺术之事也。至于地图、礼图，则当属史部、经部。王象之《舆地纪胜》，每一州碑目之后，必附以图经若干卷，盖唐宋图经皆刻石，而今亡矣。最古者，惟伪齐（刘豫）。阜昌之《禹迹图》《华夷图》，开方记里虽简，实舆图之鼻祖也。宋吕大防《长安志图》，有新出残石。其余吴郡府学有《平江图》《地理图》《天文图》《帝王绍运图》，共为一石。益都有《平昌寺地图记》，元至正十五年刻。《语石》称所见止此。

礼图，桂林府学有《释奠位序仪式图》《牲币器服图》，范氏天一阁藏旧拓《投壶图》，亦止此而已。盖旧有宋聂崇义《三礼图》在，学者固不必以刻石为重也。

第三章 碑版源流

古今石刻，有二大流：一曰碑，一曰帖。凡专以书迹为重，但赏其点画之妙，因而刻石以传者，为帖，龚定盦所谓其事非刻石伦也。此外，定盦"九事"，《语石》"四例"，以及一切因人因事而刻石者，其制虽不尽为碑，而皆得以碑之名括之也。而后世之言碑者，亦未尝不以书迹重焉。惟帖之为学，当入于艺术，而与金石学之交涉甚浅，姑舍是而专述碑版之源流。

三代

三代刻石，虽或见于史传，然传世实尠，多由附会。如旧传《岣嵝碑》《坛山刻石》《比干墓字》《吴季子墓碑》，石鼓文及清末新出《红崖刻石》《锦山摩崖》等七种，除石鼓文已考定为秦刻石外，余皆未可信也。

《岣嵝碑》七十七字，在衡山岣嵝峰，宋欧阳修、赵明诚、郑樵俱未尝录；至明杨慎、郎瑛、沈镒、杨时乔、杜壹，始各有释文，以为夏禹王刻，实由韩愈、刘长卿之诗而附会也。韩诗云："岣嵝山尖神禹碑，字青石赤形模奇。"又云："千搜万索何处有，森森绿树猿猱悲。"是但凭道士所言，未尝目睹。刘诗云："传闻祝融峰，上有神禹铭。古石琅玕姿，秘文龙虎形。"曰"传闻"云者，亦不过凭空想象之词矣。夫南岳，道家所称阳明朱虚洞天也。此碑云雷诘屈，有似缪篆，亦如符篆，或以为"五岳真形"，庶几近之。又此碑原石已佚；今所存者，皆后世之摹刻也。

《坛山刻石》"吉日癸巳"四字，本在赞皇县坛山上。汉唐以来，未经人道。宋皇祐四年秋，赵州守将广平宋公访得之，命县令刘庄督工凿取以归。次年夏，李公中祐权郡守事，恐其圮剥，乃镶厅事右壁而陷置之，并为之记。今在县学之戟门。欧阳修《集古录》引《穆天子传》，定为周穆王刻石。赵明诚《金石录》以其字非古文科斗，乃类小篆疑之。窃意赵说是也。今观其字，颇李斯、阳冰之迹，必非穆王之刻石也，殆亦因《穆天子传》而附会之欤？

《比干墓字》，洪适《隶释》云，《水经注》：殷大夫比干冢前有石，铭题隶云："殷大夫比干之墓。"所记惟此。今已中折，不知谁所志也。大观中，会稽石国佐有此四字，比《水经》又阙其三。字画清劲，乃东汉桓灵时人所书。欧赵皆未之见。娄机《汉隶字原》云：石公弼（按即国佐）跋云："殷比干墓"四字，在今卫州比干墓上，世传孔子书。然隶法始于秦，非孔子书必矣。字画劲古，当是汉人书。观此，知洪娄已辨之于前，可以破俗说之谬，无俟再赘矣。

《吴季子墓碑》"乌乎有吴延陵君子之墓"十字，在今江苏常州江阴县之申港。其石岁久湮没，唐开元中，敕殷仲容摹刻之。大历十四年，润州刺史萧定重刻石延陵庙中。宋崇宁元年，朱君彦来守常州，访得延陵之墓，复摹立是碑于墓，而为之记。沿及于今，碑又仆碎矣。其书相传为孔子之迹；然字体与秦刻石为近，不类金文。欧阳修《集古录》尝以孔子未尝到吴疑之，真赝固已晓然矣。

《红崖刻石》，在贵州古夜郎地，系清末新出。邹汉勋作释文，据张介侯之说，以为殷高宗伐鬼方纪功之词；莫友芝又定为三危禹迹；土人则但称为《孔明碑》。又朝鲜《锦山摩崖》古字，亦清末新出，世以为箕子遗文，刘喜海《海东金石苑》所不载。盖皆穿凿附会，未可以为信也。

古今相传三代石刻，如此而已；然俱不足信，则虽谓三代无石刻可也。

秦

自唐宋以来，有一事为学者所聚讼者，即所谓石鼓文是也。"石鼓"之名，流传日久，然细考其义，实为不通。按其制与秦之刻石正同，明郭京昌正其名曰"石碣"，是也。其石，隋以前未见著录；出土之时，当在唐初。其名初不甚著，自韦应物、韩愈作歌以表章之，始大显于世。其地为天兴县南二十里许，郑余庆迁于凤翔府孔庙。经五代之乱，又复散失，宋司马池复辇置府学之门庑下。大观中，自凤翔迁于东京（今开封）辟雍，后入保和殿。金人破宋，辇归燕京（今北平）。今在清故国子监。其字体为籀文，其文体为诗。其数凡十，宋司马池移置时之其一，皇祐四年向传师求得之。入汴以后，以金填其文示不复拓；入燕以后，又剔去其金。经此数厄，文字之残损者更多，十鼓虽具，而第八鼓已无字矣。至其刻石之时代，唐人皆主宗周，宋任汝弼、郑樵以为秦刻，金马定国又以为宇文周物。今人马衡参稽群籍，折衷众说，定为"秦刻石"，证据厘然，殆无疑义。其拓本，以范氏天一阁藏北宋本为最古，尚存四百六十二字。（清阮元尝据天一阁本，重摹于杭州府学，其石现存。然其书神彩全失，仅存形模。其他摹本，更不足论矣。）海内石刻，尝以此为鼻祖矣。

石鼓原石　　　　　　　　　　　石鼓文

三代刻石，于古无征。其见于史传之信而有征者，惟始皇之东巡刻石，《史记》载："二十八年，始皇东行郡县，上邹峄山，立石，与鲁诸儒生议刻石，颂秦德。议封禅，望祭山川之事。乃遂上泰山，立石。封祠祀。下禅梁文，刻所立石。……于是乃并勃海以东，过黄腄，穷成山，登之罘，立石，颂秦德焉而去。南登琅邪，大乐之，留三月。……复十二岁，作琅邪台，立石，颂秦德。……二十九年，始皇东游……登之罘，刻石。……三十二年，始皇之碣石，……刻碣石门。……三十七年十一月，上会稽，祭大禹，望于南海，而立石刻，颂秦德。……"按始皇刻石凡六，唯《峄山》一刻，不见于《史记》，余皆具《始皇本纪》。其石，则今唯《琅琊台》一刻，尚存诸城海神祠内；然亦剥泐殆尽，几难辨认，所传拓本，仅十行耳（段松岑精拓本，前后得十三行）。《泰山》二十九字，先在岳顶玉女池上，后移置碧霞元君庙，乾隆五年毁于火，今残石仅存十字矣。《之罘》《碣石》《会稽》三刻久亡。《峄山》，

秦琅琊台石刻（李斯书）

唐时焚于野火，当时即有摹本，杜诗所谓"枣木传刻肥失真"者是也。杨士奇《东里续集》论《峄山》翻本次第，长安第一，绍兴第二，浦江郑氏第三，应天府学第四，青社第五，蜀中第六，邹县第七。所谓长安本者，宋郑文宝得徐铉摹本重刊，今尚在西安府学；以《泰山》《琅琊》真秦篆相较，不仅优孟衣冠之诮。东里所推为第一本者已如此；其余六本，自郐可知。《泰山刻石》，宋莒公所得本，仅四十七字，刻于东平郡。江邻几守奉符，又刻于县廨。汶阳刘跂，尝亲至泰山绝顶，刮摩垢蚀，所拓之本，最为完善，可读者凡百四十有六字，作《秦篆谱》《会稽刻石》，有元申屠骃摹本。《之罘残石》十四字，见于《汝帖》，即欧阳公《集古录》所谓秦篆遗文者，然又少七字矣。《琅琊台刻石》，宋熙宁中，庐江文勋别刻于超然台，今亦不存。

秦泰山刻石（山东泰山）

秦峄山刻石（南唐徐铉摹刻，今存陕西西安）

其余见于《史记》，则二世亦尝巡狩刻石。《史记》云："春，二世东行郡县，李斯从。到碣石并南海，至会稽，而尽刻始皇所立刻石，石旁著大臣从者名，以章先帝成功盛德焉。皇帝曰：'金石刻，尽始皇所为也。今袭号，而金石

秦会稽刻石

刻辞不称始皇帝，其于久远也。如后嗣为之者，不称成功盛德。'丞相臣斯，臣去疾，御史大夫臣德昧死言：臣请具刻诏书刻石，因明白矣。臣昧死请，制曰可。"按《史记》称二世到碣石、南海、会稽，尽刻始皇所立刻石；李斯等请具刻诏书刻石。今所传《峄山》摹本,"皇帝曰"以下,即二世之诏也。且疑始皇所立石,或有未尽刻者,至二世而始刻也。(《史记》之文。曰"议刻石"。曰"刻所立石",曰"刻石"。曰"立石刻"。或但曰"立石,颂秦德"而不言"刻",似有区别。窃意其不言"刻"者,皆始皇所未刻,至二世而始刻也。《峄山》之文,独不见于《史记》,或为二世刻乎?)

秦与天无极瓦

前汉

欧阳修《集古录》石刻，无西汉文字，谓"至后汉以后，始有碑文；欲求前汉时碑碣，卒不可得"。是则冢墓碑，自后汉以来始有也。赵明诚《金石录》仅收建元二年《郑三益阙》一刻，可知其尠矣。然刘聪、苻坚，皆以建元纪年，未必为汉石也。《鲁孝王五凤石刻》，金明昌二年，得于太子钓鱼池侧，今尚存曲阜孔庙。此外赵二十二年《群臣上寿刻石》，出永年。河平三年，《麃孝禹刻石》，出肥城。元凤中，《广陵王中殿题字》，出甘泉。皆欧、赵所未见也。又建平五年《郫县石刻》，出蜀中，陶宗仪《古刻丛钞》云："建平止四年，明年书元寿，而不载改年，岂诏未至蜀耶？如孝献初平止四年，文翁柱记亦书五年之类。其后僭叛号建平者凡八，如石勒、慕容瑶、慕容德、慕容盛、刘义宣、鲁爽贼、白马桑斯贼、王愉，皆不在蜀。西京末，郭唐为信都五官掾（按石刻有"五官掾"字）。故知为西汉石刻无疑。"以较赵氏之收建元一阙，不更可信乎！至居摄坟坛二刻（一《上谷府卿坟坛》，居摄二年造；一《祝其卿坟坛》，居摄二年二月造。本在孔林，雍正十年，移置圣庙）及天凤三年《莱子侯刻石》（在邹县南卧虎山下，清嘉庆间新出，移置孟庙），则已在王莽篡汉后矣。

汉五凤二年刻石

新莽莱子侯刻石（始建国天凤三年三月 山东邹城）

后汉

上言冢墓之碑，始于后汉；其时门生故吏，为其府主，刻石颂德，遍于郡邑，风气极盛。后魏郦道元注《水经》，引汉碑凡百。然至宋欧赵诸录，以校道元所引，十存四五而已。至清王氏《萃编》，孙氏《访碑录》，以校欧赵之录，及洪氏《隶释》《隶续》，十仅存二三而已。古刻沦胥，良可慨惜。惟荒崖峭壁，游屐摩挲，梵刹幽宫，耕犁发掘，往往为前贤所未见。近代翁方纲之《两汉金石记》，王懿荣之《汉石存目》，王琛之《汉隶今存录》，皆有裨于搜讨，好古者可按图以索焉。

汉长乐万岁瓦

综计两汉碑版，自道元以来，见于诸家著录，或存或亡，或残泐，约计三百余品。[详见朱杰勤《秦汉美术史》。其书录前汉六品（实止五品，其《郫县碑》及《范功平碑》实为一品重出）。后汉一百六十品，不注年代者一百四十品，误载二品，共三百〇八品。所谓误载者，中和为唐僖宗年号，永肃则历代无之。应削去二品。又天汉误作"大汉"。并误"三百余品"为"一百七十余品"。其他重出讹误，定必不免。]其未详年代不计外，属于后汉者：建武二品，永平五品，建初一品，元和一品，章和一品，永元三品，安帝时及元初三品，永宁一品，永建四品，永和一品，汉安二品，永嘉一品，建和七品，和平七品，

汉长生无极瓦

汉永寿嘉福瓦

元嘉八品，永兴二品，永寿九品，延熹二十五品，永康一品，建宁三十品，熹平十五品，光和二十二品，中平九品，初平二品，建安四品，共百六十品。观此可知后汉之初，立碑之风犹未盛行；至桓灵以后始极其盛也。

至于撰书之人，古碑皆不题署，或曰造此碑而已。今可考者，惟《郭有道碑》为蔡邕文；熹平石经为蔡邕书，但亦非出一手。《西岳华山碑》，都穆据徐浩《古迹记》定为蔡邕书；《夏承碑》末，有真书一行云："蔡邕伯喈书。"此后人据《汶帖》所增，不足据也。欧阳棐《集古录目》又以《华山碑》为郭香察书，按碑云"郭香察书"者，察涖他人之书尔，其说非是，见洪适《隶释》。汉碑之确有撰书人者，惟《敦煌长史武班碑》为纪伯允书（欧阳棐以为严祺字伯鲁书，亦误）；李翕《西狭颂》为仇靖书；《析里桥郙

汉建初砖文

汉黄龙元年砖文

阁颂》为仇靖文，仇绋书（撰书并列，品此一碑）；《费凤碑》为石勋撰；《老子铭》为边韶撰；皆具刻于石。寥寥数品，余皆未详。盖古人质朴，初不欲以撰书之名，附碑而传；其皇皇题署，一若非此不足示重者，犹自唐以后始也。

若论汉碑书迹，则前汉诸刻如《五凤》一石，实为古隶真象，与建平《郫县石刻》，天凤《莱子侯刻石》，皆与后汉之有波磔者不同，盖由小篆以趋八分之过渡也。惟其书大抵出于石工，实不足观，与北朝造像同一拙劣，不能以其古而阿之也。至后汉碑版，姑就今所存者论之，其风神遒劲，迥非《五凤》诸刻可与比拟。其文其书，要皆出于才艺优美之士，非寻常石工所为，可断言也。大概质朴劲直，无如《张迁》；平正谨严，无如《乙瑛》；瘦硬通神，无如《礼器》；雄姿骏发，无如《孔宙》；秀美娟好，无如《曹全》；奇古英爽，无如《夏承》……各有一体，争妍竞秀，不胜悉举也。窃谓先秦之世，虽鼎彝之铭，非才艺优美者不敢与于其选，要未尝知以书迹为重；两汉以后，始称述之。如熹平石经初立，四方承学之士，其来摹写观赏者，至于填巷塞途，可以知其所重矣。

汉祀三公山碑（汉元初四年刻）

石门颂

礼器碑

乙瑛碑

孔宙碑

华山庙碑

史晨碑

夏承碑

西狭颂

鲁峻碑

汉熹平石经

韩仁铭

曹全碑

张迁碑

三国

三国，魏碑有《公卿将军上尊号奏》（黄初元年，河南临颍）、《受禅表》（黄初元年，河南临颍）、《魏封宗圣侯孔羡》（亦作《魏修孔子庙碑》。黄初元年，山东曲阜）、《胶东令王君庙门》（黄初五年，山东济宁）、《大将军曹真》（大兴徐松考定为太和间，陕西长安）、《庐江太守范式》（青龙三年，山东济宁）、《东武侯王基》（景元二年，河南洛阳）、《荡寇将军李苞开阁道》（亦作《魏太和景元门摩崖》。景元四年，陕西褒城）及新出三体石经残石（河南开封）而九。《尊号》《受禅》，相传为梁鹄书，颜鲁公及洪氏《隶释》，以为钟繇笔。按劝进诸臣中，有"臣繇"名，则以为钟书者近之。《孔羡碑》，《隶释》云："宋嘉祐中，郡守张稚圭据《图经》题曰：'魏陈思王曹植词，梁鹄书。'"三体石经，近世或以为邯郸淳书，盖亦想当然耳。《吴天发神谶碑》（或作《吴天玺纪功碑》，天玺元年，江苏江宁），其石已亡；《东观余论》云："相传为皇象书。"其书若篆若隶，字势雄伟，别具一体，自来论书者多重之，以次于石鼓秦碑之后云。《衡阳太守葛祚碑》（江苏句容），仅存碑额。《禹陵窆石题字》（浙江会稽），孙氏《访碑录》据《太平寰宇记》定为孙皓时刻。此外惟《九真太守谷朗碑》（凤皇元年湖南耒阳）及《禅国山碑》（天玺元年，江苏宜兴）为尚完好可信耳。

蜀无片石。《侍中杨公阙》，始见于《金石图》，钱大昕定为褚峻伪作。近出之《章武石琴题字》，更依托不足信。《吴萧二将祠堂记》亦伪。然蜀石不独今无一存，即欧、赵、洪三家，亦未闻著录。惟《舆地碑目》有《涪陵太守庞肱阙》（肱，统子），忠州有《严颜碑》，南平军有《姜维碑》，不著年月，未详其为蜀刻否。盖蜀之君臣，仓皇戎马，不遑文事，于此可见，是亦考古者之憾已。

魏修孔子庙碑（黄初元年刻）

魏三体石经

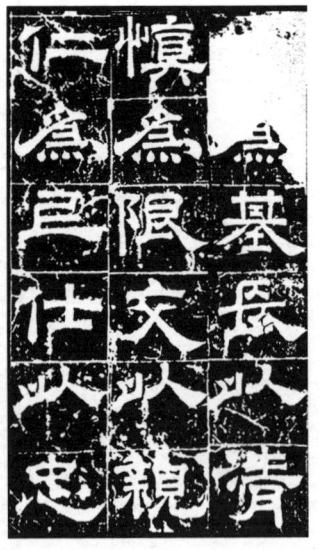

魏曹真残碑

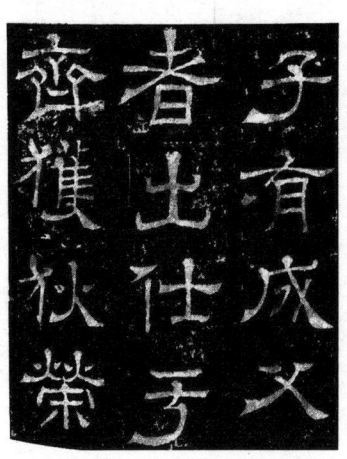
魏东侯王基断碑

吴九真太守谷朗碑

吴天发神谶碑（天玺元年八月 江苏江宁）

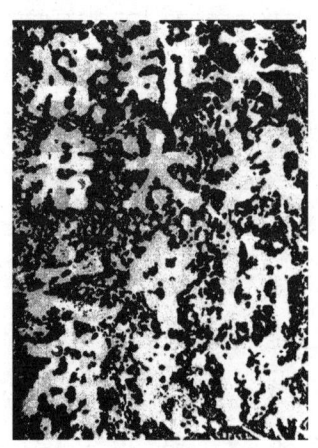

吴衡阳太守葛府君碑额（年代不详 江苏句容）

晋

《宋书·礼志》：建安十年，魏武帝以天下凋敝，禁立碑。高贵乡公甘露二年，大将军参军王伦卒，伦兄俊述其遗美云："只畏王典，不得为铭。"此则碑禁尚严也。晋武帝咸宁四年，又诏曰："碑表私美，兴长虚伪，莫大于此，一禁断之！"义熙中，尚书祠部郎中裴松之，又议禁断。观此，则魏晋两朝，屡申立碑之禁。然大臣长吏，人皆私立。《晋书·孙绰传》："于时文士，绰为其冠。温王郗庾诸公之薨，必须绰为碑文，然后刊石。"可见当时法网虽严，未尝禁绝，是以赵氏《金石录》所收晋碑，自《郑烈》《彭祈》以下，逾二十种，但皆澌灭。今仅有存者，惟《任城太守羊□夫人孙氏碑》（泰始六年，山东新泰）、《明威将军郚休碑》（泰始二年，山东掖县）、《太公吕望表》（太康十年，河南汲县）、《振威将军建宁太守爨宝子碑》（太亨四年，云南南宁。按太亨四年，群碑侧邓尔恒跋）及新出《好大王碑》（无年月，辽宁辑安），此外惟石室题名（孝堂山石室庾其连题名、侯泰明题名、泰山高全明题名）及墓门之阙（《蜀中书贾公阙》《巴郡骑都尉杨君阙》《安邱长城阳王君神道》《骠骑将军韩府君神道》）、隧道之碣（《潘宗伯等造桥碑》）而已。至于墓志之作，世或据《刘韬》（无年月，河南偃师）、《房宣》（太康三年，山东）两石，谓始于晋。然两石仅书历官讳字，年月世系，非如唐人之铺叙功德，文词详赡，则虽谓晋尚无墓志可也。

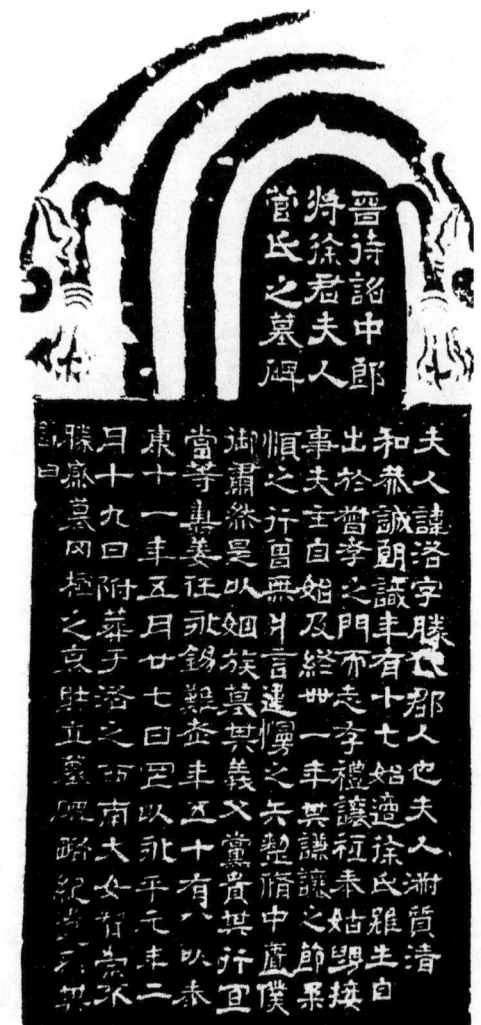

菅氏夫人墓碑

爨宝子碑

好大王碑

东晋僭号诸国

永嘉以后五胡之乱，晋室遂东。其在北国，则燕慕容儁元玺三年，有主簿程疵家题名，在汉《白石神君碑》阴。前秦苻氏，亦有数刻：《广武将军□产碑》（建元二年立），出于陕西宜城；《邓太尉祠碑》（建元三年立），出于陕西浦城。后秦姚氏有《吕宪墓表》（弘始四年立）。北凉沮渠氏有《沮渠安周造像碑》（无年月，今藏柏林博物馆）。皆近年新出也。赵氏《金石录》收汉刘聪嘉平五年《司徒公刘雄碑》，刘曜光初五年《佛图澄造像碑》及后赵石虎建武六年《横山神李君碑》《西门豹祠殿基记》，今并佚。

南朝

阮元谓南书长于简札，北书长于碑榜，是已。然南朝非无碑版文字，昭明《文选》即有王俭、王融、沈约碑文三首。庾徐两集，巨制如林。庾信犹入周后作，若徐陵所撰诸碑。皆在江左。严观《江宁金石待访目》采摭佚刻，得于张敦颐《六朝事迹》及《舆地碑目》《宝刻类编》者，尚裒然成帙；但阅岁绵远，销沉乌有。今存宋《龙骧将军护镇蛮校尉宁州刺史爨龙颜碑》（爨道庆文，大明二年，云南陆凉）及《梁始兴忠武王萧憺墓碑》（徐勉撰，贝义渊书。无年月，江苏上元),以及神道诸阙[吴平忠侯萧景神道阙(上元),侍中大将军临川靖惠王萧宏神道二阙(上元),太祖神道左右二阙(丹阳),侍中中军将军南康简王神道东西二阙(句容),侍中左卫将军建安敏侯神道东西二阙(上元),侍中仁威将军新渝宽侯神道阙(上元)],其笔势即不异北朝诸碑。此外宋有《建威将军齐北海二郡太守刘怀民墓志》(大明八年,清末端方陶斋藏石),则或以为伪。梁有焦山《瘗鹤铭》残石,相传为华阳真逸陶宏景撰书,论

爨龙颜碑

者推为南朝第一，谓如天际真人，蝉蜕尘滓，书中之仙也。《上清真人许长史旧馆坛碑》（天监十五年），亦陶宏景撰书；《程虔墓志》（太清三年，湖北襄阳），与陶书相似。齐陈更稀如星凤，欧阳修所录齐《宗悫母》，陈《张慧湛》两志，皆不可得见。今浙江会稽出《吴郡造维卫尊佛记》，齐永明六年刻；《新罗真兴王定界碑》，在朝鲜咸兴道中岭镇廨，题戊子秋八月，当陈光大二年，中土则竟无孑遗。钱大昕云："相传明祖营治都城，尽辇碑石为街道"，殆为所毁无疑，斯亦石刻之一劫已。

梁程虔墓志（太清三年　湖北襄阳）

北朝

南朝碑禁甚严,尚多私立。况崔卢世族,雅善属文;卫索遗风,兼精分隶。萧云上表,不以晋令为嫌;阮略树碑,无待齐民之请。宜其照耀四裔矣。阮元谓"宋《潭》《绛》《阁帖》,刻石盛行;而中原碑碣,任其霾蚀"。然正惟世所弗尚,故椎拓者少。县官亦无供亿之苦,不至曳倒而椎碎之。此所以西北诸省,魏齐周之碑,往往至今存也。释氏之教,虽东汉即入震旦;精蓝像设,六朝始盛。寇谦之《嵩高灵庙碑》(北魏太安二年,河南登封),为道流立碑之始。《嵩显寺》(北魏永平二年,河南登封)、《嵩

北魏大代华岳庙碑(太延五年五月河南洛阳)

阳寺》（东魏天平二年，河南登封）诸碑，为梵刹立碑之始。他如造像，刻经，浮图由三级而七级而九级，幢柱由四面而六面而八面，踵事增华，莫不始于是时。其风尚之盛，实有过于东汉桓灵之际也。

始平公造像记

今就诸家著录而统计之，凡碑碣、墓志、塔铭、造像、浮图、幢柱，以至刻经、题名、题字、题诗，自北魏以迄北周，无虑数千；而霾没未出，不为人世所见者，尚不知有几多也！然其撰书人名，亦寥寥可考。自寇谦之外，《大代华岳庙碑》（太延五年，河南洛阳），为赵文渊书；《孙秋生等二百人造像记》（太和七年，河南洛阳），为孟广达撰，萧显庆书；《洛州刺史始平公造像记》（太和十二年，河南洛阳），为孟达撰，朱义章书；《石门铭》（永平二年，陕西褒城），为王远撰。郑道昭撰书较多，如《兖州刺史郑羲碑》（永平四年，山东掖县）、《论经书诗》（永平四年，山东掖县）、《登云峰山观海诗》（无年月，掖县）、《云峰山题字九种》（无年月，掖县）、《大基山诗》（无年月，掖县）、《大基山铭告》（无年月，掖县）、《白驹谷题名》（无年月，山东益都），皆出其笔。论者以为笔力矫健，全以神运，不独北朝宜居首选，自有真书以来，一人而已。然萧显庆、朱义章书两《造像记》及《鲁郡太守张猛龙碑》（正光三年，山东曲阜），其方劲实胜于圆浑。而《雒州刺史刁遵墓志》（熙平二年，河北南皮）、《龙骧将军临清男崔敬邕墓志》（熙平二年，河北安平），遒丽温雅，亦无多让，惜皆未详其撰书之人耳。此北魏之刻也。其在北齐，郑述祖有撰书《重登云峰山记》（河清三年，山东掖县）、《天柱山

孙秋生造像记

铭》（天统元年，山东平度）及《云居观题字》（天统元年，掖县）。《陇东王感孝颂》（武平元年，山东肥城），为申嗣邕撰，梁恭之书。《朱岱林墓志》（武平二年，山东寿光），子敬脩撰序，侄敬范撰铭。北周，《华岳颂》（天和二年，陕西华阴），为万纽于撰，周文渊书；小铁山《刻经颂》（大象元年，山东邹县），为匡喆撰书。小铁山摩崖《佛经铭》（同上），为□咸韬书。此外皆未详也。

元显儁墓志

按书学自北宋以来，惟重晋、唐，未有言及北朝者。自清安吴包世臣作《历下笔谭》，而世始知有道昭其人。风会所趋，直至清末南海康有为更推衍其说，而风益炽。于是北朝碑版，家喻户晓，几莫不人手一编，实则未免矫枉过正耳。北碑佳品固多，然大抵出于石工之手，别字连篇，结体狞恶，未必尽如包安吴之所评也。

魏故持節龍驤將軍嘗
營州諸軍事營州刺史
位威將軍太中大夫臨
青男雀公之墓誌銘
祖秀年諱殊字敬異

崔敬邕墓志

张猛龙碑

马鸣寺碑

高贞碑

元晖墓志

高湛墓志铭

刁遵墓志

魏藏灵墓志

北齐清河王高岳造西门豹祠堂碑（天保五年 河南安阳）

泰山金刚经

文殊般若经碑

隋

隋碑上承六代，下启三唐，由小篆八分，趋于隶楷，至是而巧力兼至，神明变化，而不离于规矩。盖承险怪之后，渐入坦夷；而在整齐之中，仍饶浑古。古法未亡，精华已泄。唐欧、虞、褚、薛、徐、李、颜、柳诸家精诣，无不有之，此诚古今书学一大关键也。尤可异者，前人谓北书方严遒劲，南书疏放妍妙，囿于风气，未可强合；至隋则浑一区宇，天下同文，并无南北之限。乃审其字体，上而庙堂之制作，下而闾巷之镌题，其石具在，未有如世所传法帖者。岂乎陈之后，江左书派，亦与国步俱迁乎？以此愈可知宋时《阁帖》，转展向拓，钟、王、郗、谢，半由虚造。而阮文达南北两派之说，犹不免调停之见；翁覃溪论唐初欧、褚诸家，一归之于山阴法乳，更为町畦未化已。

龙门佛像一千余龛，而隋刻寥寥无几（明皇《裴悲明》，大业《李子斌》《梁□仁》，仅三刻）。燕秦晋赵亦无。莲台百亿，涌现于层崖峭壁间，惟历城之千佛山，益都之云门、玉函两山，岩洞累累，皆隋刻也。其次则沂州琅琊书院，亦多隋人造像碑。盖开皇大业之间，惟齐鲁滨海之地，此风为盛行耳。

苏孝慈墓志

大隋使持节大将军
工兵二部尚书司农
太府卿太子左右卫
率右庶子洪吉江慶

董美人墓志

美人董氏墓誌銘
美人姓董汴州恒宜
縣人也祖佛子齊凉
州刺史敕仁博合標

龙藏寺碑

唐

究金石之学者，自六朝以下，惟重书迹。盖其事其文，除足示释教之盛行，愿力之宏大，此外有裨于考订者少。降至唐代，更以时主崇文，雅好八法；书体演变，至是而极。当时所重，固在此而不在彼也。其时造像刻经，一如前代，三百年间，不减千数。《语石》谓："世竞称魏造像；不知唐刻之精，不可思议，皆棋子方格，小真书，有似欧者，有似褚者，永徽以后，长安以前，多似薛少保。香山洞《涅槃经》，即相传为少保笔，其秀逸不减《灵飞》，而遒整过之。"又谓："唐人喜刻《陀罗尼经》。其余《金刚经》《心经》《观音普门品经》，亦尚有刻本，惟未闻四大部经者（《般若》《华严》《莲华》《法华》）。"此则不如前人耳。

至于立碑之盛，过于后汉。其所撰书，皆出名笔，真、行、篆、隶，各极其致。大抵以真书为最多，隶书次之，行又次之，篆为最少，草书书碑则绝无也。真书，在唐初，虞世南、褚遂良为一派，书多柔婉；欧阳询及其子通为一派，书多遒劲。其后颜真卿、柳公权、徐浩又各为一派，颜丰肥，柳挺秀，徐则似欧似虞，实未足成家。薛稷与虞、褚并称，而书不多见。其他虽多，俱在此诸家之笼罩中矣。行书，则太宗、高宗，俱称精能。太宗喜右军书，一时以为风尚。怀仁《圣教序》出，举世奉为圭臬。《东观余论》引《书苑》云："近世翰林侍书，多学此碑，学弗能至，了无高韵，因自目其书为院体。由唐吴通微昆弟已有此目。"开元以后，李邕、苏灵芝亦以此体擅场。而灵芝伤于俗媚，不为世重。北海碑版照四裔，其书如龙跳天门，虎卧凤阙，笔势纵横，殆由天授。然自是而汉魏以来古法荡然。继之者，萧诚、范的，皆称后劲，张从申尤卓绝。八分，自玄宗雅好此体，天下翕然从之。开、天之际，丰碑大碣，八分书居泰半。如卢藏用、韩择木、崔逸、田羲晊、梁昇卿、史惟则、蔡有邻，皆称能品。至建中以后，此风稍稍衰矣。篆书能推李阳冰，然其书死学秦碑，板直而无风韵。同时有瞿令问、袁滋，鼎足而三。其先有李训谊、尹元凯。李书《碧落碑》，实同衡岳《禹碑》，不过为道家之秘文而已；尹书《美原神泉诗》，尚不恶。此有唐书学之大凡也。至诸家书碑，列举如下：

虞世南

《孔子庙堂碑》[撰文并正书，武德九年十二月，（元至元间摹刻）山东城武。]

《汝南公主墓志铭》[撰文并行书，贞观十年十一月，（重刻本）江苏常熟。]

唐孔子庙堂碑

褚遂良

《伊阙佛龛碑》（岑文本撰，正书，贞观十五年十一月，河南洛阳。）

《梁文昭公房玄龄碑》（正书，无年月，陕西醴泉。）

《孟法师碑》（岑文本撰，正书，年月泐。）

《三藏圣教序》（太宗御制，正书，永徽四年十月，陕西长安。）

《三藏圣教序并记》（高宗御制，正书，永徽四年十二月，陕西长安。）

欧阳询（八分书诸碑略）

《隋柱国弘义明公皇甫诞碑》（于志宁撰，正书，无年月，当在贞观初，陕西长安。）

《化度寺邕禅师舍利塔铭》[李百药撰，正书，贞观五年十一月，（重摹本）直隶大兴翁氏。]

《九成宫醴泉铭》（魏徵撰，正书，贞观六年四月，陕西麟游。）

《虞恭公温彦博碑》（岑文本撰正书，贞观十一年十月，陕西醴泉。）

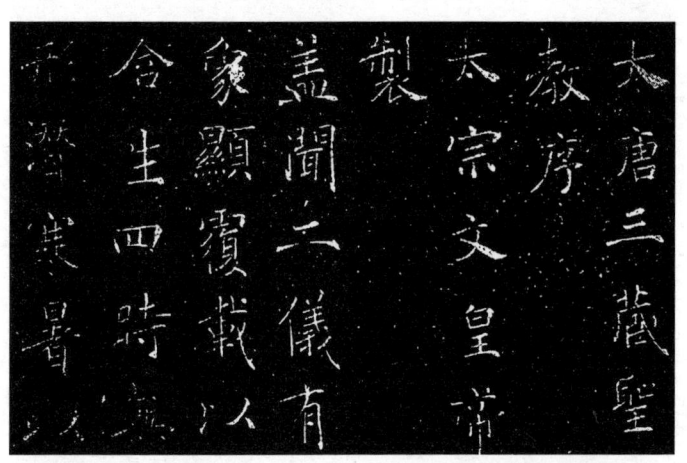

褚遂良《雁塔圣教序》

大唐三藏圣教序

欧阳通

《道因法师碑》(李俨撰，正书，龙朔三年十月，陕西长安。)

颜真卿(行草书略)

《钱塘县丞殷履直妻颜氏碑》(撰文并正书，开元二十六年七月，河南洛阳。)

《千福寺多宝塔感应碑》(岑勋撰，正书，天宝十一载四月，陕西长安。)

《东方先生画像赞》(夏侯湛撰，正书，天宝十三载十二月，山东陵县。)

唐九成宫醴泉铭

唐道因法师碑

夫撿挍尚書都官郎中
東海徐浩題額
粵妙法蓮華諸佛之秘藏
也多寶佛塔證経之踊現
也發明資乎十力弘建在

多宝塔碑

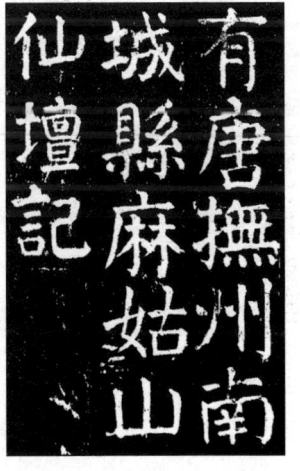

有唐撫州南
城縣麻姑山
仙壇記

唐麻姑仙坛记（大字）

《谒金天王神祠题记》（正书，乾元元年十月，在北周《天和碑》侧，陕西华阴。）

《赠工部尚书臧怀恪碑》（撰文并正书，广德元年十月，陕西三原。）

《赠太保郭敬之家庙碑》（撰文并正书，广德二年十一月，陕西长安。）

《麻姑山仙坛记》（撰文并正书，小字本，大历六年四月，江西南城。大字本，今但存拓本，石佚。）

《茅山玄静先生李君碑》（撰文并正书，大历六年五月。）

《中兴颂》（元结撰，正书，大历六年六月，湖南祁阳。）

《广平文贞公宋璟碑》（撰文并正书，大历七年九月，直隶沙河。）

《八关斋会报德记》（撰文并正书，大历七年，河南商邱。）

《干禄字书》［颜元孙撰，正书，大历九年正月，（宋人重刻）四川潼州。］

《玄靖先生李含光碑》（撰文并正书，大历十二年五月，江苏句容。）

《容州都督元结墓碑》（撰文并正书，大历□□年十一月，河南鲁山。）

《赠太子太保颜惟贞庙碑》（撰文并正书，建中元年七月，陕西长安。）

柳公权

《金刚经》(正书,长庆四年四月,今藏法国巴黎图书馆。)

《平西郡王李晟神道碑》(裴庆撰,正书,太和三年四月,陕西高陵。)

《义阳郡王苻璘碑》(李宗闵撰,正书,太和七年,陕西富平。)

《梓州刺史冯宿神道碑》(王超撰,正书,开成二年五月,陕西长安。)

《大达法师玄秘塔碑》(裴休撰,正书,会昌元年十二月,陕西长安。)

《吏部尚书高元裕碑》(萧邺撰,正书,大中六年十一月,河南洛阳。)

《魏公暮先庙碑铭》(崔绚撰,正书,大中六年十一月,陕西□□。)

《圭峰定慧禅师碑》(裴休撰,正书,大中九年十月,陕西鄠县。)

徐浩(八分书碑略)

《龙门山虢国公造像记》(行书,开元□□□年,河南洛阳。)

《不空和尚碑》(严郢撰,正书,建中二年十一月,陕西长安。)

玄秘塔碑　　　　　　　　　金刚经

《中书令张九龄碑》（撰文并正书，长庆三年，广东曲江。）

太宗

《晋祠铭》（御制并行书，贞观二十一年七月，山西太原。）

高宗

《万年宫铭》（御制并行书，永徽五年五月，陕西麟游。）

《纪功颂》（御制并行书，显庆四年十月，河南汜水。）

《孝敬皇帝睿德碑》（御制并行书，上元二年八月，河南偃师。）

《赠太尉英贞武公李勣碑》（御制并行书，仪凤二年十月，陕西醴泉。）

李邕

《有道先生叶国重神道碑》（撰文并行书，开元五年三月，浙江松阳。）

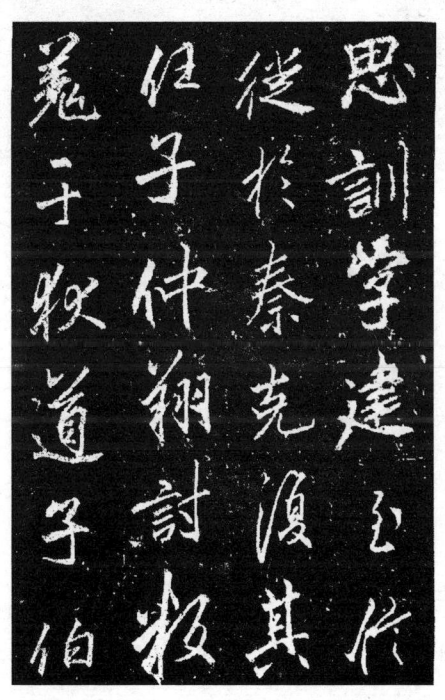

李思训碑

《云麾将军李思训碑》(撰文并行书,开元八年六月,陕西蒲城。)

《秦望山法华寺碑》(撰文并行书,开元十一年二月,浙江山阴。)

《娑罗树碑》(撰文并行书,开元十一年十月,江苏淮安。)

《端州石室记》(撰文并正书,开元十五年正月,广东高要。)

《岳麓寺碑》(撰文并行书,开元十八年九月,湖南长沙。)

《庐山东林寺碑》(撰文并行书,开元十九年七月,江西星子。)

《云麾将军李秀残碑》(撰文并行书,天宝元年正月,直隶宛平。)

《鄂州刺史卢正道碑》(撰文并行书,天宝元年二月,河南洛阳。)

《灵岩寺碑》[行书,天宝元年,山东长清。(佚)(浙江钱塘黄氏拓本)]

《大照禅师碑》[撰文并行书,天宝元年。(江苏嘉定钱氏拓本)]

苏灵芝

《易州铁象颂》(王端撰,行书,开元二十七年五月,直隶易州。)

《易州刺史田仁琬德政碑》（徐安贞撰，行书，开元二十八年十月，直隶清苑。）

《梦真容碑》（行书，开元二十九年六月。按有两碑：一张九龄奏，在陕西盩厔；牛仙客奏，在直隶易州；而刻石年月同。）

《悯忠寺宝塔颂》（张不矜撰，行书，至德二载十一月，直隶大兴。）

萧诚

《玉真公主灵坛祥应记》（蔡玮撰，行书，天宝二年，河南济源。按《中州金石记》误为道士元丹邱书，不知丹邱乃建碑人，非书碑人也。孙氏《访碑录》仍沿其误。兹据《语石》订正。）

范的

《阿育王寺常住田碑》（万齐融撰，行书，大和七年十二月，浙江鄞县。按"大和"，孙氏《访碑录》误作"太和"。）

张从申

《铜牙镇福兴寺碑》（许登撰，行书，大历五年六月，江苏上元。）

玄宗（正书及行书）

《赠太尉祁国公王仁皎碑》（张说撰，八分书，开元七年十月，陕西大荔。）

《京国长公主神道碑》（苏挺撰，八分书，开元十二年十一月，陕西蒲城。）

唐纪太山铭

《华山铭残字》（御制并八分书，开元十二年十一月，陕西华阴。）

《郾国长公主神道碑》（张说撰，八分书，开元十三年四月，陕西蒲城。）

《纪太山铭》（御制并八分书，开元十四年九月，山东泰安。）

《庆唐观纪圣铭》（御制并八分书，开元十七年九月，山西浮山。）

《石台孝经》（御注并八分书，天宝四载九月，陕西大安。）

《赠武部尚书杨珣碑》（御制并八分书，天宝十二载二月，陕西扶风。）

卢藏用

《汉忠烈纪信墓碑》（撰文并八分书，长安二年七月，河南荥泽。）

《大通禅师碑》[张说撰，八分书，缺年月，湖北当阳。（孙氏《访碑录》又有《玉泉寺大通禅师碑》，亦张说撰，藏用八分书，疑系重出。）]

《许公苏瓌神道碑》（张说撰铭，藏用撰序，并八分书，景云元年十一月，陕西武功。）

韩择木

《歙州刺史叶慧明神道碑》（李邕撰，八分书，开元五年七月。）

《告华岳府君文》（韩赏撰，八分书，天宝元年四月，陕西华阴。）

崔逸

《郁林观东岩壁记》[撰文并书，开元七年正月，江苏海州。（按《语石》甚推此碑，以为唐隶之最精者，可以上拚东汉。）]

田羲旿（孙氏《访碑录》误作白羲旿）

《右武卫大将军乙速孤行俨碑》（刘宪撰，开元十三年二月，陕西醴泉。）

梁昇卿

《古义士伯夷叔齐碑》（撰文并八分书，开元十三年，陕西蒲城。）

《慈州刺史郑曾碑》（撰文并八分书，开元二十四年五月，河南荥泽。）

史惟则

《龙角山元元宫碑》（崔明元撰，八分书，开元十六年，山西浮山。）

《大智禅师碑》[严挺之撰，八分书，开元二十四年九月，陕西长安。（又有《碑阴记》，开元二十九年五月，阳伯成撰。）]

《庆唐观金箓斋颂》（崔明允撰，八分书，天宝二年十月，山西浮山。）

《营州都督李楷洛碑》（杨炎撰，八分书，大历三年三月，陕西富平。）

蔡有邻

《元氏令庞履温碑》（邵混之撰，八分书，开元二十四年二月，直隶元氏。）

《周太师蜀国公尉迟迥庙碑》（阎伯玙撰序，颜真卿撰铭，八分书，开元二十六年正月，河南安阳。）

《东平太守章仇元素碑》（韦述撰，八分书，天宝七载十月，山东济宁。）

李阳冰

《城隍庙碑》（撰文并篆书，乾元二年八月，浙江缙云。）

《怡亭铭并序》（李莒八分书铭，阳冰篆书序。永泰元年五月，湖北江夏。）

《李氏迁先茔碑》（李季卿撰，篆书，大历二年，陕西长安。）

三坟记

《李氏三坟记》（李季卿撰，篆书，大历二年，陕西长安。）

《龚邱令庾贲德政颂》（撰文并篆书，大历五年九月，山东宁阳。）

《谦卦爻辞》（篆书，无年月，安徽芜湖。）

瞿令问

《阳华岩铭》（元结撰，正篆隶三体书，永泰二年五月。）

《峿台铭》（元结撰，篆书，大历二年六月，湖南祁阳。）

袁滋

《唐㢋铭》（元结撰，篆书，大历三年闰六月，湖南祁阳）。

《轩辕黄帝铸鼎原铭》（王颜撰，篆书，贞元十七年正月，湖南阌乡。）

《画壁功德记》（撰文并篆书，元和四年二月。）

唐僭号诸国

窦建德、王世充辈，与高祖同时逐鹿；下逮唐末董昌，皆称制改元。而僭号之碑，夙所未闻。《语石》载：《徐怀隐墓志》，"圣武二年"，安禄山僭号也，当唐至德二载。《宋文博墓志》，"顺天二年"，史思明僭号也，当唐上元元年。《宋志》并冠以"大燕"字。又称：唐县龙圣寺造像，其中有《李崇珣》《李旷》《□婆》三刻，皆顺天年号。《卢嗣冶墓志》，书"圣武□年十一月十六日卒"，亦僭号之刻也。推而上之，新出之王世充开明两石（一《邓国公夫人元氏墓志》，大郑开明元年；一《韦匡伯墓志》，开明二年。皆洛阳出土），亦皆可信。有唐三百年僭号之碑，不先不后，一时并出，信乎隐见之有时也。

五代十国

五代以书名者，郭忠恕、孙崇望，为铁中铮铮。忠恕工分篆，其所书三体《阴符经》，宋乾德中刻于《怀恽禅师碑》阴，别无他碑可见。孙崇望书《郭进》《景范》两碑，皆在周显德中。（《卫州刺史郭进屏盗碑》，杜桦撰，崇望行书，显德二年五月，河南汲县。《中书侍郎平章事景范神道碑》，扈载撰，崇望行书，显德三年十二月，山东邹平。）至宋太祖受禅，敕建诸碑，亦皆命崇望书之，则其为当时推重可知。然其书肉余于骨，拖沓无韵，实未足以称焉。其他书人之可见者：梁有李宏懿（《匡国军节度使冯行袭德政碑》，正书，无年月，河南许州）、僧彦脩（《寄边衣诗》，裴说撰，草书，乾化四年，陕西长安）、沙门志明（《樘山大师塔铭》，撰文并正书，贞明元年）、张琏（《昭义军节度使葛从周神道碑》，薛廷珪撰，行书，贞明二年十月，河南偃师）；唐有梁邕（《振武节度使李存进碑》，吕梦琦撰，正书，同光二年十一月，山西太原）、沙门钦缘（《少林寺主法华钧大德塔铭》，沙门虚受撰，正书，同光四年二月，河南登封）、刘绍（《乾明寺尊胜陀罗尼经》，正书，天成三年四月，山西泽州）；晋有王继美（《冥福寺经幢》，正书，天福二年三月，山东泰安）、成知训（《建雄节度使相里金碑》，李相撰，正书，天福五年，山西汾阳）、陈渥（《陀罗尼经幢》，正书，天福六年七月，山东益都）、权令询（《钱文穆王神道碑》，和凝撰，行书，天福八年四月，浙江钱唐）、阎光远（《赠太保义成军节度使史匡翰碑》，陶谷撰，行书，天福八年六月，山西太原）、苏晓（《开化寺珷严阁记》，苏禹珪撰，行书，开运二年七月，山西太原）、杨思进（《移文宣王庙记》，冯道撰，行书，开运三年正月，陕西大荔）；汉无可考；周有张光振（《济州刺史任公屏盗碑》，李昉撰，行书，显德二年闰九月，山东巨野）、王献可（《龙泉禅寺记》，徐纶撰，献可撰《后序》，并正书，显德三年九月，山西阳城）、僧惠林（《敕留启母少姨庙记》，许中孚撰，正书，显德五年，河南偃师）、沙门惠深（《龙兴寺经幢记》，许□撰，正书，显德□年闰九月，山东淄州）。凡一十八人。至有岩穴之士，身沉而名不显者，不知凡几矣。（五代）

十国石刻，以经幢、塔铭、造像为多；其碑碣、题名，亦大抵关于禅门,佛法犹未替也。就中流传之富,首推吴越,南汉次之,西蜀、南唐又次之,杨吴、北汉及闽,仅存一二而已。其书人可考,亦至寥寥;南汉有《云门山匡圣大师碑》,为僧行幍正书(陈守中撰,大宝七年四月,广东番禺),余无可考。清吴兰修辑《南汉金石志》二卷,收录甚富;然近时出土者犹不少,如《马二十四娘墓券》《都峤山经幢造像》及《中峰五百罗汉记》《灵景口庆赞斋记》,皆兰修所未见也。西蜀石刻,详见于刘喜海《三巴看古志》,近时亦尚有新出者。至孟氏所刻石经(详第二章),前后历八年而成,在诸国中为出类拔萃矣。南唐有《本业寺记》,为任德筠正书(僧契□撰,乾德五年七月,江苏上元);《紫阳观残碑》,为杨元鼎正书(徐铉撰,己未十二年,江苏句容);《元寂禅师塔碑》,为张藻正书(韩熙载撰,开宝二年五月,江苏吉水)。而徐铉、徐锴精于篆书,竟无碑版传世;惟缪荃孙于栖霞山访得衡阳寺三幢座,有其篆书题名,洵为罕见。吴越君臣,佞佛特甚。浙江临安、钱塘、武康、萧山,经幢造像,均有遗刻,而钱塘为尤多,惜书人无可考耳。其余杨吴两刻:一为《尊胜陀罗尼真言》(周从建,正书,天祚二年闰十一月),一为《寻阳公主墓志》(危德兴撰,正书,乾贞三年三月,江苏江都),俱无书人。北汉有《天龙寺千佛楼碑》(李恽撰,广达二年八月,山西太原),为刘守清行书。闽有《崇妙保圣坚牢塔记》(李同颖撰,永隆三年,福建闽县),为僧无逸书。(十国)

北宋

宋初承五季之敝,书学榛芜。建隆以后,丰碑巨制,皆出于袁正己(《重修开元寺行廊功德碑》,刘从义撰,正书,建隆四年七月,陕西咸宁;《嵩山会善寺重修佛殿碑》,王著撰,正书,开宝五年闰二月,河南登封)、孙崇望(《新修周武王庙碑铭》《新修周康王庙碑》《新修唐太宗庙碑铭》《新修嵩岳中天王庙碑》《修汉光武庙碑》,皆行书,开宝六年,前三碑在陕西,后二碑在河南),其次则张仁愿(《修商王成汤庙碑》,正书,河南;《修唐高祖庙碑》,行书,陕西;皆开宝六年),书实不工。尹熙古(《封禅朝觐坛颂》《天贶殿碑》《棣州防御使检校太保石保兴神道碑》《祀汾阴碑》,以上皆行书;《东岳天齐仁圣帝碑》,正书;皆大中祥符中立)、杨虚己(《济源县令陈省华善政碑》,正书;《赐贺兰栖真敕书并赠诗碑》,行书;《延庆禅院新修舍利塔记》,行书;上二碑天圣中立,后一碑景祐中立),后来居上,然亦囿于院体。至苏、黄、米、蔡四家出,脱去古人畦径,别开生面,书派为之一变。然汉魏以来醇古之气,亦发泄无余矣。苏书遭元祐党禁,铲除殆尽;今世传者，皆重开本。山谷、元章、君谟三家，后人瓣香，亦以简牍为多；碑版传世，寥寥无几，兹辑录如下：

东坡所书碑版，仅《表忠观碑》（撰文并正书，元丰元年八月，浙江钱塘）、《司马文正公神道碑》（撰文并正书，元祐二年正月）、《阿育王寺宸奎阁碑》（撰文并正书，元祐六年正月，浙江鄞县）、《韩文公庙碑》（撰文并正书，元祐七年三月，广东朝阳）、《九成宫台铭》（撰文并正书，建中靖国元年，广东曲江）五石。其他有墓志一石（《乳母任氏葬志铭》，元丰三年十月）、佛经二通（双塔寺《如意轮陀罗尼经》，绍圣四年五月，安徽宣城。又《金刚经》一本，无年月，江西清江），诗、词、赋、赞、书札、杂文、题字、题名，约近百刻。其书豪放雄健，如其为文，不专一家，而奄有众长。

山谷书碑，所传较多，有《黄龙晦庵和尚开堂疏》（行书，元丰五年）、《南山顺济龙王庙记》（撰文并行书，元丰癸亥，浙江钱塘）、《伯夷叔齐墓碑》（撰文并正书，元祐六年六月）、《庐山七佛偈》（正书，元祐六年十二月，江西星子）、《少林寺初祖达摩颂》（撰文并行书，无年月，河南登封）、《宋太祖戒石铭》（行书，无年月）、《狄梁公碑》（行书，无年月）七石。其他诗文，则仅十余种而已。其书似从《瘗鹤铭》出，秀美遒劲，窃意较东坡尤精。

元章书碑，有《太平州芜湖县新学记》（黄裳撰，正书，熙宁元年七月，安徽芜湖）、《龙井山方圆庵记》（僧守一撰，行书，元丰六年四月，浙江钱塘）、《颜鲁公祠堂碑》（撰文并正书，元祐三年九月，山东费县）、《海宁县双仁祠二颜公碑》（行书，元祐三年，浙江海宁）、《芜湖县学记》（黄裳撰，行书，崇宁元年十月，安徽芜湖）、《章吉老墓表》（撰文并行书，大观元年，安徽无为州）、《露筋寺碑》（行书，无年月，江苏高邮）七石。其他诗赋题字，约二十余刻。其书似学二王而稍恣肆耳。

君谟所书碑志最少，惟《万安桥记》（撰文并正书，嘉祐四年十二月，福建晋江）、《朝奉郎刘爽墓志》（撰文并正书，元祐六年四月）、《昼锦堂记》（欧阳修撰，正书，治平二年三月，河南安阳）、《韩魏公祠堂记》（司马光撰，正书，元丰七年六月，在《昼锦堂记》之阴）四石。其他书简，皆收于法帖，多系行草，惟碑志则概作正书，尤可宝也。

此外蔡京、蔡卞兄弟，行草皆入能品，诚未可以人废。司马光、欧阳修、韩琦、范仲淹，无书名，为其功业所掩也。韩、范皆学颜书；司马精八分，今所传者，多摩崖大字；欧阳雄健豪迈，不减东坡。帝王之中，太宗、真宗、仁宗，书碑亦多，不让唐代；徽宗艺事尤精，其书出于古铜甬书，瘦硬通神，有如切玉，世所称瘦金书是也。

篆书之工者，亦有数家，僧梦英为最著，所传有《千字文》、江淹《拟休上人诗》十八体篆书，皆乾德中书，在陕西长安。次则苏唐卿，所书有《东海郁林观三言诗》（庆历三年，江苏海州）、《重刻醉翁亭记》（嘉祐七年，山东费县）。此外又有上官佖、黄载、王寿卿诸家，书或仅传，不足称也。

南宋（附伪齐）

南渡以后，河淮以北，无复有赵宋石刻。其时国步虽艰，士大夫雅好文章，游宦登临，往往濡毫以志岁月，名山洞壑，不乏留题。名臣如李纲、胡铨，理学如朱熹、张栻，诗人如范成大、陆游、杨亿，皆有遗迹。其书多跌荡可喜，与辽金石刻，不啻有《雅》《郑》之别，然皆不必以书名。惟张即之行书，号为精妙，今所存有《息心铭》（淳祐元年九月，山东城武），焦山《金刚经》（宝祐二年，江苏丹徒）等，仙风道骨，迥出尘表，然非碑版正派。

上述诸家，题名以外，惟朱子有《崇安县学三公祠记》（八分书，乾道四年五月，福建崇安）、《友石台记》（行书，淳熙十六年）、《丹阳公祠堂记》（正书，庆元五年六月，江苏常熟）三刻。陆游有《重建华岩寺碑》（行书，庆元五年八月）、《重修智者广福禅寺记》（正书，嘉泰三年十月，浙江金华）二刻。范成大有《复水月洞铭并序》(正书，乾道九年九月，广西临桂)、《碧虚铭》(正书，淳熙元年十二月，广西临桂)、《三高祠记》(正书，淳熙六年八月，江苏吴县)三刻。其书最精。岳武穆、文信国两公书亦有传刻，但无碑版，即不以人重，书身不恶也。帝王则高宗、理宗，均有御书刻石，而高宗之石经为尤著云。

宋建炎四年，金人立刘豫为帝，奉金正朔，初称天会八年；其年十一月，改明年元为阜昌元年，至七年十一月，仍为金人所废，先后不过七载。且觍颜臣虏，更非南北群雄可比。然陕西、齐、豫之境，颇有阜昌石刻，孙氏著录者，有《饶益寺藏春坞记》《齐徐州观察使孟邦雄墓志》《敕祭浑忠武王文并记并牒》《禹迹图》《华夷图》，薛待伊《浮图铭》侧刘汉题字，共六种；赵氏著录者，有《永庆寺大殿记》《孟志》字迹工秀，颇得虞、褚规模。《华夷》《禹迹》两图，唐宋以来地图莫古于此。

辽金（附西夏、吐番）

辽碑文字，皆出自释子及村学究，绝无佳迹。同治以前，出土尚少，孙氏《访碑录》，不及五十种。赵氏所续，皆朝鲜碑系辽纪年者；中国惟咸雍四年《清水院藏经记》

一刻。光绪四五年间，重修《顺天府志》，碑估李云从承当事之命，裹粮襆被，狂走京畿诸邑，荒郊古刹，足迹殆遍，所得辽碑，视孙、赵倍蓰过之。长洲叶氏录辽幢五十余通，皆其时拓本也。其中多唐、梵两体，惟《刘李河》《白氏》两幢，结构尚可观。此外行列整齐者，如今刻书之宋体字；潦草者，如市中计簿。满幅题名，皆某儿某郎妇之类，当时质朴之风，于此可见。

金虽与辽同起朔方，而戎马之余，颇能讲求文字。《沂州普照寺碑》（仲汝尚撰，集柳公权正书，皇统四年十月，山东兰山），学柳诚悬，世有出蓝之誉，金碑第一。党怀英之分篆，王庭筠、杨廷秀之行草，王琯、任询之真书，皆称名笔。怀英撰书尤多，凡十五石，当时碑版，且多其篆额。其分书自佳；篆则细如蚕尾，锐如悬针，了无浑古之气。盖与石鼓文既不类，与古金文亦不类；惟魏正始《三体石经》，其所列籀文，始作此态，自后宋人摹录金文，皆沿此体，怀英并以之书碑题额，皆不学之过也。

辽碑多释子之文，其法名可见者，如志愿、知光、德麟、真廷、志隆、志延、善制、义中、恒劬、方俌、智化、性煦、肃回、善坚、行鲜、圆融、慧材、志才、惟和，几二十人。金自大定以后，崇尚道流，马丹阳、邱长春、王重阳，其最著也。其次则杜天师、谭真人，皆有诗词刻石。沿及元初，此风未革。长春入元，其教益昌。道书刻石者，终南有篆书《道德经》，三元有《昂元经》《常清静经》，五台有孙真人《福寿论》。自入元朝，孙氏著录，释氏之碑十之三，道家之碑十之七，于此可觇彼教之盛衰，时君之好恶焉。

西夏石刻，近时出土者，惟《感通塔碑》及叶氏访得之《黑河建桥敕》两种。《感通塔碑》，天祐民安五年立，在今凉州武威县，土人谓之《番字碑》，以其一面为西夏文也。《黑河建桥敕》，在今甘州弱水东岸，距城十里一小刹中，《郡志》称在下龙神庙，当即此也。碑两面刻，其阴亦番字，刻于乾祐六年丙申岁，即宋孝宗淳熙三年也。《语石》尝录其全文，剥蚀甚多。（西夏）

郭煌县千佛洞，即古之莫高窟也。洞扉封闭，光绪间土壁倾圮，豁然开朗，始显于世。中藏碑版经像甚夥，多已流传域外。其中有断碑两角，上一角存十二行，行自十一字至三字不等；下一角存七行，行自四字以下不等。年月已佚，亦无撰书人可考。惟上一石第九行，有"圣神赞普""万里化均""四邻庆□"云云。"赞普"系吐蕃君长之号，犹匈奴之称"单于"，突厥之称"可汗"。冠以"圣神"二字，则彼国人士尊其君之词，犹中国皇帝之有徽号也。以是定为吐番刻，无可疑矣。可黎可足以后文字出土者，仅此一通耳。（吐蕃）

元（附淮张）

宋人书长于简札，而不宜于碑版。至赵孟頫出，重规叠矩，鸿朗庄严，奄有颜李之长，有元一代丰碑，皆出其手，可谓起两宋之衰矣。其所书碑版、杂文，照耀四裔，见于孙氏著录者，即有一百余通。其最精者，如《追封鲁郡公许熙载神道碑》（欧阳元撰，正书，至元四年八月，河南安阳）、《上卿玄教大宗师张留孙碑》（撰文并正书，至正四年，江西贵溪），为书学正矩。至于《华亭居竹记》（方回撰，正书，大德二年二月）、《眉州青神陈氏坟道碑》（行书，至大四年四月），则纯乎化境，当为赵书第一，亦为元碑第一。他若鲜于枢，精于鉴藏，亦负重望。虞集、揭傒斯，书亦不恶，尽为文名所掩。然较之孟頫，自未能逮。后来惟宋仲温学钟太傅，而参以章草之法，冲淡古质，自成一家，能脱去赵书面目。王元恭行书至精，然不为世重。此两家足称后劲。

元末群雄并起，惟淮张崇奖文士，辟馆延宾，东南士流多归之。今湖州尚有《迎禧门记》《临湖门记》，皆天祐三年饶介撰书。天祐即士诚僭号，其三年，当至正之十六年，饶介时摄湖州守。

明清

欧阳修《集古录》，近收五季。明初距今，将六百年，不啻欧公之视六朝也，岂可以近而贱之？乾嘉诸子，如毕沅、王昶，皆以赵宋为断；至阮元、孙星衍，始推广其例至元末；翁方纲辑《粤东金石略》，兼收明碑。夫明碑诚不胜收；然必俟之罕而见珍，则杞宋无征，沧桑已易，其存者，亦如缺月娟娟隐云雾，不重可惜乎？明代书家，如宋濂、宋璲、解缙、杨士奇、姜立纲、李东阳、李应祯、王守仁、祝允明、文徵明、徐霖、陆深、董其昌、米万钟，皆各具一格，有名于时。而董香光书碑遍于南北，辑而录之，可与赵文敏埒。其他则亦多如宋人之长于简札，但见于法帖耳。

以清代金石学之极盛，书法家之辈出，建碑刻石，岂无名迹；然世人贵古贱今，往往忽之，且墨迹流传，世所恒有，故石刻之文，反无人宝之，殆亦将俟其湮没罕见而始珍也。

第四章 石刻之厄

历代石刻之富，著录之多，过于吉金，而丰碑大碣，摩崖千尺，其制亦巨于鼎彝。龚定盦曰："石在天地之间，寿非金匹也。其材巨形丰，其徙也难，则寿侔于金者有之。"然古器之厄，石亦有之；且以"材巨形丰，其徙也难"，宝藏之艰，视古器为尤甚。孙觉之墨妙亭（宋孙觉守湖州，建墨妙亭以藏古刻），赵抃之藏春轩（关中有宋赵抃《重置饶益寺石刻记》，文云：自唐宋以来，名臣贤士，往还税驾，或题名于壁，或留诗于碑。寺遭兵火，焚毁殆尽。暇日命僮仆搜抉于荆榛瓦砾之间，皆断折讹缺，读之令人悲惋。即其稍完者，萃而置于藏春轩壁），蜀绵州之集古堂（蜀绵州有宋淳熙十二年《集古堂记》，文云：举近郊石刻，列植秦汉隋唐其碑几十。然其所谓蒋公琰碑，及孙德碣，已沦于灌莽矣），洛阳之存古阁，西安之碑林，除碑林曾经毕沅之修缮，今尚完好外，其余所藏，尚有几何！盖我国过去对古物不甚爱惜；有力者惟思据为己有，而居为奇货，从不公开，卒之亦归于乌有而已！观夫自北宋以来诸家著录之刻，时有销亡，可胜慨哉！兹就叶昌炽《语石》所言，略加分析，述之如次：

崩溺

高岸为谷，深谷为陵，地震崩摧，河流漂溺，斯由天灾，无与人事，如汉《华山碑》，唐《顺陵碑》，皆为地震崩裂；唐薛纯陀《砥柱铭》，为洪涛所没。似此浩劫，皆非人力所得而挽，亦犹雨淋日炙，渐归销亡，莫可谁何也。（《语石》卷九"碑厄"二则七厄之一）

迁徙

迁徙宝藏，意亦良佳，然一经移动，往往失所。如熹平石经，周大象中自洛窃载还邺，船坏沦溺，其尤著者。盖石刻者，所以留一方之掌故，非镇库之奇珍。而海内藏家，敝帚自享，宦游所至，不吝兼金，或装廉吏之舟，亦入估人之橐。夺人所好，迁地弗良，展转贸迁，必致失所。近代以来，如毕秋帆中丞，自关中携四唐石归，置之灵岩山馆，庚申之劫，与平泉花石，同付劫灰。端陶斋尚书，亦最喜为之，其京邸廊庑，古碑充斥，然今皆不可问矣。

其他以迁徙而遭劫者，尚不知其几何！欲益反损，可不戒哉！（七厄之七）

摧残

摧残碑石，多出无识，或断为柱础（北海《李秀碑》，为一教官断为柱础六。汉石经，隋开皇六年载入长安，置于秘书省内，营造司亦用为柱础），或支作灶陉（邻阳魏十三字残碑，康强跋云：是夏阳人家支灶物），或为耕场之礦磋（齐鲁间经幢，农民皆断为礦磋），或为废寺之甗甄（元许有壬《兴元阁记》，见《圭唐小稿》，今残碑百余字尚在。和林寺僧毁为香案）。亦有仆作街道（相传六朝刻石，明太祖时皆用以甃治街道），破为桥基（《广川书跋》：熹平石经，周大象后破为桥基）。荒坟蔓草，遍卧蟠螭，废垒长杨，聊资列雉，其劫尤不胜言。（七厄之二）

此皆无识之故，然更有有所为而为之者，一则以违碍遭殃，再则以苟且贻患，请试言之：

裴李争功，熙丰钩党。李义山云："长绳百尺拽碑倒，麤沙大石相磨治。"苏子由云："北客若来休问讯，西湖虽好莫题诗。"韩苏之文，毁于谣诼。又若闰朝僭号，讳于纳土之余（吴越钱氏诸碑，有建元者，宋初纳土后皆毁去，所毁经幢尤多）；叛镇纪年，削自收京以后（《悯忠寺宝塔颂》，史思明纪

年，皆磨去，重刻唐号）。或碎裂全文，或削除违字。后贤考订，聚讼转滋。此其一也。（七厄之五）

又《新唐书·武宗本纪》：会昌五年八月壬午，大毁佛寺，复僧尼为民。王圻《续通考》：上恶僧尼耗蠹，敕上都东都，各留二寺；天下节镇，各留一寺。凡天下所毁寺，四千六百余区。其时官吏奉行，至于碑幢铭赞之类，无不凿毁，或坎地而瘗之。其见于石刻者，如鲁公《八关斋报德记》，后有宋州刺史崔倬书石幢事云：会昌中，诏大除佛寺，凡镕塑像刻，堂阁室宇，焚灭销破，一无遗余，分遣御史覆视之。此州开元寺，有颜鲁公《八关斋会镬记》大幢，刺史邑宰以不可折，遂錾凿缺口以仆之。又大中八年，牟玤方山《证明功德纪》：会昌五年，毁去额寺五千余所，兰若三万余所，丽名僧尼二十六万七百余人。所奉驱除，略无孑遗。又大云寺残幢，后有题记云：此幢五年口月，奉敕毁寺，其幢随□□□。至大中四年庚午，溧水尉刘皋等，同再建立。盖驱除未几，至大中初而寻复矣。然元魏以后造像，所毁当已不少，经幢尤多殃及。此其二也。（三小厄之三）

又汉唐以来石刻，有"王"字者，其碑幸存，亦多镵毁，此金海陵之虐政也。顾亭林《金石文字记》云：裴漼《少林寺碑》内"王"字，俱镌去。按《金史》：海陵正隆二年二月，改定亲王以下封爵等第，追取存亡告身，公私文书，但有王爵字者，皆立限毁抹，碑志并发而毁之。此碑"王宫""王言""夏王""有王"等字，亦从而镌去。完颜之不通文义，而肆为无道，可胜叹哉！此其三也。（三小厄之一）

以上因违碍而遭殃也。至于津要访求，友朋持赠，轺车往返，以代苞苴。官符视若催科，匠役疲于奔命，一纸之费，可以倾家，千里之遥，不殊转饷。里有名迹，重为闾阎之累；拔本塞源，除之务尽。今昭陵诸碑，无一瓦全，关、陇、巩、洛之交，往往谈虎色变。此苞苴之贻患也。（七厄之六）

镌毁

唐宋题名，摩崖漫刻，后来居上，有如积薪。唐贤名迹，宋人从而磨刻之；宋贤名迹，明人乃更加甚焉。贺方回之题字，惆怅武丘（虎丘贺方回题名，庚申前尚完好，今为茗上一伧父凿损）；史延福之刻经，模糊伊阙（龙门如意元年史延福刻《陀罗尼经》，明提学赵岩刻"伊阙"两大字于上）。邠原揽古，空谭大佛因缘（邠州大佛寺，吴憩斋中丞为学使时，烈炬访之，观壁间题名累累，有唐刻一通，为宋人幂刻其上）；岱顶勒崇，莫问

从臣姓氏（唐玄宗《泰山铭》，后附刻从臣姓氏，皆为后游者刻损）。莫不屋中架屋，床上安床。此其一也。（七厄之三）

武人俗吏，目不识丁；匀工选材，艰于伐石。或去前贤之姓字，而改窜己名（余所藏宋元幢，其字迹有绝类唐人者，盖皆属吏媚其府主作功德，俗僧为取旧幢，磨去年月姓名，而改刻之）；或磨背面之文章，而更刊他作（唐《华岳精享昭应碑》，即刊于《天和碑》之阴。《授堂金石跋》曰：《水经注》：樊城西南，有曹仁《记水碑》，杜元凯重刻其后，书伐吴之事。古人简便，不重烦如此。又渭水内，载汉文帝庙一碑，建安中立，汉镇远将军段煨文，给事黄门侍郎张昶书。魏文帝又刻其碑阴二十余字，又在杜征南之前。然碑阴本无字则可；若如《颜鲁公庙碑》，有《碑阴记》，或有故吏题名，亦从而磨刻之，则前贤名迹，已失其半矣）。甚或尽铲旧文，别镌新制，改为改作，澌灭无遗。（如唐《姜行本传》，高昌之役，磨去汉班超《纪功碑》，更刊颂陈国威灵，即贞观十四年《姜行本碑》是也。陆务观《老学庵笔记》云：北都有《魏博节度使田绪遗爱碑》，张宏靖书；《何进滔德政碑》，柳公权书；皆石刻之杰也。政和中，梁左丞子美为尹。皆毁之，以其石刻新颁《五礼新义》。赵德甫跋《何进滔碑》，亦云：政和中，大名尹建言磨去旧文，别刻新制，好古者为之叹惜。孙渊如述何梦华之言云：金承安三年，牛显祖书唐相《魏文贞庙记》，亦磨去唐碑重刻，碑首犹存唐字。唐《深州刺史墓志》盖，

明人刻作《金牛禅师塔碑跋》。元时学宫所刻《至元大德圣旨碑》,大半磨治旧石而更刻之。)此其二也。(七厄之四)

贞石之寿,遇伧父而不永,犹可言也。惟有明一代,如前所纪提学赵岩者,俨然学者师。苏许公《朝觐坛颂》,梁昇卿八分书,在玄宗《纪泰山铭》之侧;朱竹垞云:明有俗吏,以忠孝廉节四大字镌其上,颂文毁去者半;以弇州尚书之言证之,所谓俗吏,乃闽人林焊也。又北海《麓山寺碑阴》,刻官属衔名,每列姓名下,各系以赞;武虚谷云:为妄庸人题字,交午横贯,以致损蚀,不可次第,其大书横勒者,则前明提学郭登庸也。宋真宗《登泰山》《谢天书述功德铭》,明鄞人俗吏汪坦,大书题名于上,每行毁三四十字不等。古刻遭此厄者非一。操刃者,大抵皆科目中人,空腹高心,以卫道自命,遇二氏之碑辄毁之。此其三也。(三小厄之二)

妄刻

上述三者,或尽铲旧文,或一部被毁;此外又有镌于空处者,原刻固未损也;惟同为古碑之厄则一。《语石》:"项子京得名画,自书价值于帧尾,遍加藏印。余有句云:十斛明珠聘丽人,为防奔月替文身。古刻之遭黥者,其剥肤愈酷。新出隋《苏孝慈志》,一达官跋其上,恶札也。黄子寿师在关中,磨而去之,今尚有斧凿痕,碑估以此定拓本之先后。魏《高植墓志》左空处,后人题'龙飞凤舞'四字。南山一唐幢,为明人李得渊题字其上,极鄙拙。又见一《金刚经》幢,经文之末,镌一阳字。又一残幢,有'泰山石敢当'五字。此皆所谓毁瓦画墁也。栖霞《明征君碑》,尚未损,而满石皆有小圆圈,纵横历落,如以笔管印成者,又见一魏造像,原刻本浅细,后人又从而劙削之,望之如丛兰修竹,枝叶纷披,而所存残字,益在有无间矣。"（又卷九"妄人题字"一则。）此其一也。

又晋以前碑,多无撰书之人名,南北朝偶或有之,隋唐亦不尽有。而后人好事,往往添此蛇足,亦石刻之一厄也。其最著者,如汉《乙瑛碑》,后刻"后汉钟太尉书",魏《孔庙碑》,后刻"魏陈思王曹植词,梁鹄书",而皆为"宋嘉祐占七年张稚圭按图题（一作谨）记。"其果为钟梁之笔与否,姑置弗论（钟繇于献帝初始为黄门侍郎;《乙瑛碑》在其前四十所,必非繇书。《孔庙碑》指为鹄书,亦无确证）;而添此蛇足,同于妄人题字,则一举而二失也。又《语石》:"唐人刻经及志墓之文,不尽有撰书人。《萧胜墓志》,题为褚遂良书。邢台《无量寿佛经》,题为欧阳询书,皆后添蛇足,藉欧褚两公名为重耳。龙门奉先寺《卢舍那像龛记》，后有"进士都仲容记"六字，笔法凡近，当是明人添刻。《平津访碑录》误为撰人，"都"字不甚晰（或是"郗"字），又臆释为殷仲容，是误之误矣。殷仲容，唐初人；此则开元十年造，远不相及。"（卷九"添刻撰书人"一则。）然所以致平津之误者，未始非增刻之过。是又不独石刻之一厄，且足贻误后学矣。此其二也。

拓损

夫碑以旧拓为佳，非必经风雨之剥蚀，而椎拓之繁亦足使其漫漶也。《语石》："西安碑林，开成石经在焉。其余汉唐以下，石刻林立。碑估资为衣食，朝夕椎拓。曩顾皞民方伯观察陕蹉，尝贻书来告云：碑林中当当拓石之声，终年不绝。《庙堂》《皇甫》《玄秘塔》诸碑，旬月之间，化身千亿，以应四方之求。由洼渐浅，由浅渐平，由平渐泐，驯至没字，仅存魂魄。余适得残幢四纸，皆漫漶无字，因合装为四帧，而题之曰幢魄。"（卷二"陕西石刻"三则之一）又："前人名迹，固以摹拓过多致损，然受病亦有不同。欧褚诸碑，瘦硬通神，愈拓愈细，今《醴泉碑》仅存一丝，若断若续，再久之，则无字矣。此一病也。颜、柳诸碑，拓工先礳之使平，又从而刀挖之，愈挖愈肥，亦愈清朗，久之，浮面一层尽揭，而字遂渐移向下，遂至恶俗之态，不可向迩。《圭峰禅师碑》，前三十年拓本，尚清劲有力；今则精神面目，迥非本来。此又一病也。鲁公《东方朔画赞》，余会见一南宋拓，虬筋槃结，波磔飞动，与今颜书绝异。以明拓本校之，字固未损也，而苍秀之气不逮矣。以新拓本校之，字仍未损也，而痴肥之状难堪矣。同此一碑，并未重刻，先后工拙，霄壤悬绝。使三本并陈于几，谓即从一碑出，其谁信之！《家庙》《玄秘》诸碑，皆可类推。友人自关中来者，为言碑林中拓石声当当昼夜不绝，碑安得不亡！贞石虽坚，其如此拓者何也！"（卷九"碑石拓损，受病不同"一则）夫历代碑版之著名者，几于无不病此。是亦石刻之一厄也。

伪造

铜器伪造甚多，石刻亦所不免。然其间亦有分别：一则就原有之物摹刻以乱真，如世所传《崔敬邕》《张黑女》之类是也。又如石鼓，经五代之乱，而亡其一，当时即有伪为一鼓者，至皇祐四年向传师搜访民间足之，真鼓始复。（见《金石学录》卷二）此尚可恕。一则凭空结撰，全属子虚，其为淆乱石刻,荧惑鉴家,罪不可逭也。《语石》云:"旧碑摹本,已如犁軒之善眩。更有凭空结撰者,如世传《凉州刺史郭云志》《女子苏玉华墓志》《黄叶和尚墓志》,皆题为欧阳询书。无其人,无其事,谬种流传,稍有识者能辨之。李邕之《戒坛铭》,虽有所本,亦是重起炉灶,与原碑渺不相涉。因焦山有《瘗鹤铭》,遂有《瘗马铭》《瘗琴铭》。《琴铭》小楷妍媚,世颇好之,余知为吾吴顾南雅先生作。《马铭》字亦不恶,其石出于关中。安阳有汉残碑五种。齐鲁之间,断碑一角,时时出土,文多者,不过数十字,无人名地名年号可证,益复不可究诘。人言熹平残碑,即不可信。若《朱博颂》,确知为诸城尹祝年明经所造。《李昭养奋破张邰铭》,亦皆后人所伪托。造像北朝多,南朝少,今蜀中新出梁造像数十通,似刻于砖,多天监大同年号,皆赝造也。大抵赝造者,墓志造像居多,不能为丰碑。其文或有所本;其字虽有工拙,古今气息,总可摩挲得之。"(卷十"赝本"一则)是亦石刻之一厄也。

封禁

《语石》云:"甚矣,阴阳鬼神之说之中于人心也。定兴标义乡《石柱颂》,自唐以来,无著录者。前十余年,碑估李云从始访得之，一字不损，新出于硎。土人以此石为一方之镇，风水攸关，封禁甚严。其后潘文勤师兼管顺天府尹，始檄下邑宰拓之，至今传本稀如星凤。长安《晖福寺碑》，土人云：碑有神，能为祟，非昏夜不能潜拓。碑估恐其声之闻也，不敢用椎，呫嗫毡蜡，安有精本。余官京师十年，屡欲拓戒坛寺两辽幢，碑估述寺僧之言云：拓此幢，寺中必有僧示寂，竟失之眉睫。赵㧑叔云：海宁《扶风马夫人墓志》（唐咸通四年，李直文并书），其墓在安国寺址。出土时，鬼为厉，惧而埋之。此真所谓妖由人兴也；而古刻遂因此不传矣。"（卷十"封禁碑文"一则）是亦石刻之一厄也。

综前石刻之厄凡八，而此外如椎拓不精，或装池潦草，虽直接无损于原石，然亦足碍鉴赏之目，损庋藏之趣，因而减原石之声价者，则亦石刻之小厄也。

图书在版编目（CIP）数据

中国金石史 / 朱剑心著. -- 北京：中国画报出版社, 2025.5. -- ISBN 978-7-5146-2462-5

Ⅰ. K877.2

中国国家版本馆CIP数据核字第2024MD5483号

中国金石史

朱剑心 著

出 版 人：方允仲
策　　划：许晓善
责任编辑：程新蕾
内文排版：郭廷欢
责任印制：焦　洋

出版发行：中国画报出版社
地　　址：中国北京市海淀区车公庄西路33号　邮编：100048
发 行 部：010-88417418　010-68414683（传真）
总编室兼传真：010-88417359　版权部：010-88417359

开　　本：32开（880mm×1230mm）
印　　张：12.25
字　　数：210千字
版　　次：2025年5月第1版　2025年5月第1次印刷
印　　刷：三河市金兆印刷装订有限公司
书　　号：ISBN 978-7-5146-2462-5
定　　价：98.00元